互联网发展对农村居民消费的影响研究

HULIANWANG FAZHAN DUI NONGCUN JUMIN
XIAOFEI DE YINGXIANG YANJIU

黄大湖　著

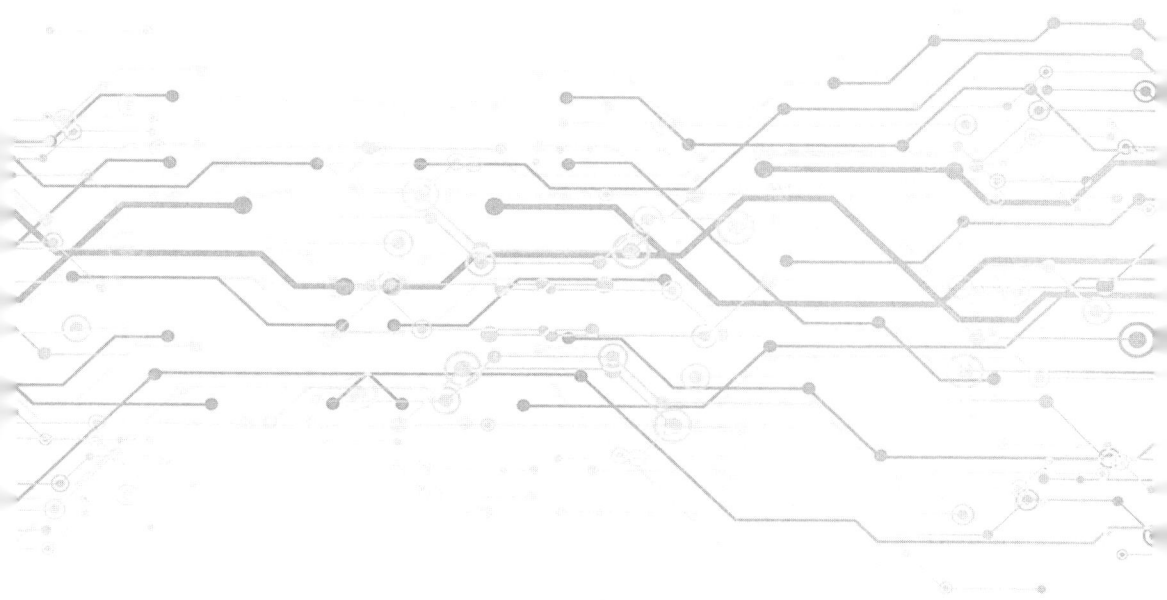

中国农业出版社
北　京

图书在版编目（CIP）数据

互联网发展对农村居民消费的影响研究 / 黄大湖著.
北京 ：中国农业出版社，2025. 8. -- ISBN 978-7-109
-33251-5

Ⅰ. F126.1

中国国家版本馆 CIP 数据核字第 2025S2S530 号

中国农业出版社出版

地址：北京市朝阳区麦子店街 18 号楼
邮编：100125
责任编辑：边　疆
版式设计：王　晨　　责任校对：吴丽婷
印刷：北京中兴印刷有限公司
版次：2025 年 8 月第 1 版
印次：2025 年 8 月北京第 1 次印刷
发行：新华书店北京发行所
开本：700mm×1000mm　1/16
印张：11.25
字数：214 千字
定价：85.00 元

前　言

改革开放以来，我国经济高速发展，取得了举世瞩目的成绩。消费作为推动经济发展的"三驾马车"之一而备受关注。2023 年，最终消费支出、资本形成总额、货物和服务净出口分别拉动经济增长 4.3％、1.5％、－0.6％，对经济增长的贡献率分别是 82.5％、28.9％、－11.4％。根据数据可以看出，最终消费已成为促进我国经济持续稳定增长的主要驱动力，其对 GDP 的拉动作用明显超过了投资和净出口，是经济增长的第一拉动力。一般而言，居民消费支出在最终消费支出中的占比为 80％以上，因此居民消费水平的高低往往决定了最终消费率的高低。但长期以来，我国居民消费一直处于低消费、高储蓄状态。特别是对农村居民而言，其消费能力远低于城镇居民。根据《中国统计年鉴 2023》的数据可知，2022 年全国农村居民人均消费支出为 16 632.1 元，同期城镇居民人均消费支出为 30 390.8 元，城乡居民消费存在较大差距，农村成为我国消费的"洼地"。此外，消费不仅是社会生产的动力，还是人们美好生活需要的直接体现。乡村振兴战略事关民生福祉，可"谋民生之利、解民生之忧"。增加农村居民消费是增进民生福祉的重要表现，同时也是提高生活质量，实现生活富裕目标的重要体现。

互联网发展对农民生活和农业生产均产生了深刻影响，其作为网络化和信息化的核心技术，对原有的生产生活模式产生了颠覆性的改变，是发展现代农业、促进农村创新创业、提高农民收入、增加农民消费的重要手段。因此，在国家实施数字乡村战略的背景下，研究互联网发展对农村居民消费的影响，充分发挥互联网的消费效应，以开发农村消费潜力、推进消费升级，对于扩大内需、促进国民经济持续健康发展以及满足农村居民对美好生活的向往具有重要意义。

鉴于此，本书通过梳理相关文献，在把握我国农村互联网发展情况与农村居民消费变化的基础上，利用 2009—2022 年的省级面板数据，实证考察农村互联网的发展对农村居民消费水平、消费结构和消费差距的影响效应。具体来说全书共有八章：首先是导论，介绍了本书的研究背景和意义、研究的目标和内容、使用的数据和研究方法，并总结了研究存在的创新点以及不足之处。第一章主要对本书所使用的核心概念进行界定，对相关文献进行回顾。第二章为主要变量的统计描述和相关性分析，并运用熵值法测度了 2009—2022 年我国各省份农村互联网发展水平综合指数。第三章根据居民消费理论和互联网经济理论，采用演绎推理的方法构建了互联网发展对农村居民消费影响的分析框架，为后文实证分析奠定了理论基础。第四章基于 2009—2022 年的省级面板数据，实证分析了农村互联网的发展对农村居民消费水平的影响效应，并利用中介效应模型分析了收入效应和市场范围效应的影响路径，利用空间计量模型分析了互联网技术的空间溢出效应。第五章基于 2009—2022 年的省级面板数据和中国家庭追踪调查（CFPS）数据，从宏观视角和微观视角出发，实证分析了农村互联网的发展对农村居民消费结构的影响效应和异质性。第六章基于 2009—2022 年的省级面板数据和中国家庭追踪调查（CFPS）数据，实证分析了农村互联网的发展对城乡居民消费差距的影响效应，以及互联网使用对农村居民内部消费差距的影响。第七章主要是对全书内容进行总结，并依据结论提出相关政策建议。

本书的主要结论有：第一，我国互联网发展水平整体呈上升趋势，但城乡差距明显，区域发展不平衡，存在较大的"数字鸿沟"。2009—2022年，我国互联网技术发展迅猛，互联网用户规模快速扩张，但城乡间的互联网普及率差异仍然较大。农村互联网发展水平在样本期内整体呈现上升趋势，但省际和区域间的差异明显。第二，农村互联网的发展有助于提高农村居民消费水平、推动消费结构升级以及缩小居民消费差距。农村互联网的发展对东、中、西部地区的农村居民消费水平的提升均具有显著促进作用，且对中西部地区农村居民消费的影响效应更为明显。第三，农村互联网的发展对农村居民消费的影响具有显著的空间溢出效应。在三种空间权重矩阵下，农村互联网的发展对农村居民消费具有显著直接效应、空间溢出效应和总效应，这表明农村互联网的发展不仅有利于促进本省农村居民消费水平的提升，对邻近地区农村居民消费扩张也具有促进作用。第四，互联网能够通过收入效应间接作用于农村居民消费，即农民收入增长在农村互联网的发展对农村消费扩张和消费结构升级的影响中发挥了部分中介效应。第五，互联网的使用对农户消费的影响在不同群体中具有明显的异质性。

结合以上研究结论，提出如下政策建议：第一，要建设普惠互联网，以促进区域、城乡平衡发展。第二，加强农村互联网基础设施建设，完善农村互联网服务体系。第三，重视互联网技术的空间效应，加强省际交流与合作。第四，引导农户合理使用互联网，提高农户互联网使用能力。第五、强化数据信息安全保障，构建健康网络环境。

本研究在以下方面具有创新性：

第一，研究视角创新。以往关于居民消费研究的文献较为丰富，而互联网对居民消费的影响研究是近几年才兴起的，相关文献还较为缺乏，特别是从农村互联网发展的角度出发，研究其对农村居民消费影响的文献还很少。本书从宏观和微观两个视角，将经济学与传播学等多种学科结合起来，系统分析了互联网的发展对农村居民消费水平、消费结构升级以及居民消费差距的影响效应及路径。因此，从研究视角和学科交融来看，具有一定的创新性。

第二，分析框架创新。仅从单一或部分的视角评估互联网的发展对农村居民消费的影响，不利于科学认识互联网对农村居民消费的系统影响，难以为政策制定提供科学指导。本书将消费水平、消费结构和消费差距纳入统一的研究范畴，构建水平、结构和差距相联系的核心概念和统一的分析框架。首先从理论上分析了互联网的发展对农村居民消费的影响，然后采用中国省级面板数据和中国家庭追踪调查（CFPS）数据实证检验了农村互联网的发展与农村居民消费之间的直接关系、内在关联及其空间溢出效应。

第三，研究方法和分析手段创新。本书坚持理论分析与实证研究相结合的方式，系统分析了农村互联网的发展对农村居民消费的影响效应。具体来看，首先，基于互联网发展的内涵和有关数字乡村建设的评价指标体系，在科学性、系统性与可行性的原则下，构建了农村互联网发展水平的评价指标体系，对农村互联网发展水平进行了测度。其次，通过引入中介变量探讨了农村互联网的发展对农村居民消费的影响机制。最后，通过构建空间计量经济模型，实证检验了农村互联网的发展对农村居民消费的影响的空间溢出效应。

黄大湖

2025 年 3 月

目　录
CONTENTS

导　　论

第一节　研究背景和意义

一、研究背景

改革开放以来，我国经济高速发展，取得了举世瞩目的成绩。消费作为推动经济发展的"三驾马车"之一而备受关注。2023 年，最终消费支出、资本形成总额、货物和服务净出口分别拉动经济增长 4.3％、1.5％、－0.6％，对经济增长的贡献率分别是 82.5％、28.9％、－11.4％[①]。根据数据可以看出，最终消费已成为促进我国经济持续稳定增长的主要驱动力，其对 GDP 的拉动作用明显超过了投资和净出口，是经济增长的第一拉动力[②]。一般而言，居民消费支出在最终消费支出中占比达到 80％以上，因此居民消费的高低往往也决定了最终消费率的高低。但长期以来，我国居民消费萎靡不振，一直处于低消费、高储蓄状态（陈斌开，2014）。特别是对农村居民而言，其消费能力远低于城镇居民。根据《中国统计年鉴 2023》的数据可知，2022 年全国农村居民人均消费支出为 16 632.1 元，同期城镇居民人均消费支出为 30 390.8 元，城乡居民消费仍存在较大差距，农村成为我国消费的"洼地"（李江一，2016）。

消费不仅是社会生产的动力，还是人们美好生活需要的直接体现。乡村振兴战略事关民生福祉，可"谋民生之利、解民生之忧"。增加农村居民消费是增进民生福祉的重要表现（刘彤彤等，2020），同时也是提高生活质量、实现生活富裕目标的重要体现。党的十九届五中全会中通过的《中共中央关于制定

[①] 数据来源于国家统计局。

[②] 2014 年以来，消费对 GDP 的贡献率和拉动作用均超过了投资的影响，成为推动我国经济增长的第一拉动力，之后一直保持较高的水平，成为推动经济增长的重要驱动力。2022 年由于需求紧缩、供给冲击和预期转弱的影响，最终消费支出对经济增长的贡献率明显减弱。

国民经济和社会发展第十四个五年规划和二〇三五年远景目标的建议》提出，要构建以国内大循环为主体、国内国际双循环相互促进的新发展格局。其中，构建以国内大循环为主体的新发展格局，需要充分挖掘国内市场，释放内需潜力，发挥消费的拉动作用。因此，开发农村消费潜力、推进消费结构升级，有助于扩大内需，同时也是满足农村居民美好生活需要的现实基点，能够有效推进乡村振兴战略的实施以及促进国民经济持续健康发展。

20 世纪 90 年代，互联网进入中国并得到了快速的发展。当前，以互联网为代表的信息通信技术（ICT）更是成为推动我国经济社会发展的新动能（韩宝国，2014）。各国政府都非常重视互联网技术的发展和应用，纷纷制定相关政策和战略加快推进互联网基础设施建设，促进国家数字经济发展。我国政府在推动数字经济发展的同时，也在大力加强农村信息基础设施建设，推进农村数字化发展。

2005 年中央 1 号文件中，首次提出了要加强我国农业信息化建设。之后 2014 年、2015 年和 2016 年的中央 1 号文件中也多次提出要加快农业农村现代化发展。推进农村农业现代化发展，需要以信息技术为支撑。2015 年，国务院发布了《关于积极推进"互联网＋"行动的指导意见》，首次提出了"互联网＋农业"的行动计划，旨在依托互联网技术实现互联网与传统产业的融合，进而推动产业的转型升级。2016 年，农业部发布《关于全面推进信息进村入户工程的实施意见》，强调要运用互联网技术推进涉农信息综合服务，加快推进信息进村入户工程。2019 年，中央 1 号文件明确指出"实施数字乡村战略"，同年国务院办公厅也发布了《数字乡村发展战略纲要》，旨在促进农村地区数字化发展，让农村居民分享数字红利。2022 年，中央网信办等 10 个部门印发《数字乡村发展行动计划（2022—2025 年）》，提出到 2023 年，数字乡村发展取得阶段性进展；到 2025 年，数字乡村发展取得重要进展①。加快推进数字乡村建设，既是建设数字中国的重要内容，也是我国实现乡村振兴的战略方向。中国互联网络信息中心数据显示，2022 年我国农村地区互联网普及率为 61.9％，较上一年提升 4.3 个百分点，城乡地区互联网普及率差异缩小 2.5 个百分点；农村网民规模达到 3.08 亿人，较 2021 年增长了 2 371 万人，占整体网民规模的 28.9％；从非网民规模来看，2022 年全国非网民规模为 3.44 亿

---

① 《数字乡村发展行动计划（2022—2025 年）》提出，到 2023 年，数字乡村发展取得阶段性进展。网络帮扶成效得到进一步巩固提升，农村互联网普及率和网络质量明显提高，农业生产信息化水平稳步提升，"互联网＋政务服务"进一步向基层延伸，乡村公共服务水平持续提高，乡村治理效能有效提升。到 2025 年，数字乡村发展取得重要进展。乡村 4G 深化普及、5G 创新应用，农业生产经营数字化转型明显加快，智慧农业建设取得初步成效，培育形成一批叫得响、质量优、特色显的农村电商产品品牌，乡村网络文化繁荣发展，乡村数字化治理体系日趋完善。

人，其中农村地区非网民占 55.22%，高于全国农村人口比例 19.9 个百分点，非网民人口仍以农村地区为主[①]。数字乡村建设正是依托于互联网技术的发展和应用，以实现乡村治理数字化、农业生产数字化和农民生活数字化。因此，加快推进农村地区互联网发展，有助于推动国家数字乡村建设和数字中国建设。

更为重要的是，互联网发展对农民生活和农业生产均产生了深刻影响，其作为网络化和信息化的核心技术，将对原有的生产、生活模式产生颠覆性的改变，是发展现代农业（钟文晶等，2023）、促进农村创新创业（赵佳佳等，2023）、提高农民收入（孙俊娜等，2023）、增加农民消费（汪亚楠等，2021）的重要手段。一方面，互联网的发展和应用极大缓解了城乡间的信息不对称，使农村居民能够通过互联网及时、充分地了解国家政策和市场信息；另一方面，农村居民利用互联网平台进行付费或免费学习、开展社交活动，有利于农民人力资本和社会资本的积累，以适应生产力和生产关系的变迁，进而获得更多的发展机会（赵羚雅，2019）。同时也有研究表明，任何一种新技术的出现都能创造出新的就业和创业机会，农村地区互联网技术的发展和应用，也势必会对农村居民的就业和创业产生影响，如推进农村居民互联网创业以及加快农村地区劳动力转移等（杨柠泽等，2018；毛宇飞等，2019）。2019 年中央 1 号文件指出，要实施"数字乡村战略"，加快推进农业农村信息化建设，促进乡村振兴战略高质量实施。2021 年中央 1 号文件提出，要加快完善乡村物流体系，改造提升农村寄递物流基础设施，完善农村生活性服务业支持政策，加快建设线上线下相结合的服务网点，以满足农村居民扩大消费、实现消费升级的需要，全面促进农村消费。因此，推进"数字乡村战略"，加快农村地区互联网建设，不仅有助于帮助农村居民就业和创业，提高农村居民收入水平，无疑也是释放农村消费潜力、扩大内需以及实现乡村振兴的重要出路之一。

二、研究意义

消费是推动经济发展的"三驾马车"之一，同时，消费也是一切社会生产的最终目的[②]（李井奎，2018）。因此，在数字乡村建设以及新发展格局的背景下，研究我国农村互联网发展对农村居民消费的影响，具有重大的理论和现实意义。

本研究的理论意义在于：从理论上为研究居民消费提供新的视角。本书将

[①]　数据来源于《第 51 次中国互联网络发展状况统计报告》。

[②]　凯恩斯指出，消费是一切社会生产的最终目的，人们获得的收入都将转化为消费，而储蓄是牺牲当前消费以换取未来更大的消费。

互联网经济理论和居民消费理论运用到研究中，在数字经济环境下，探讨了农村互联网发展对农村居民消费的影响，构建了互联网发展与农村居民消费的理论分析框架，从消费水平、消费结构和消费差距三个方面系统分析了互联网发展对农村居民消费的影响机理，丰富了居民消费的相关研究成果。换言之，本书将消费经济学、社会学与传播学等相关理论相结合，丰富和拓展了相关理论的研究范畴。

本研究的现实意义在于：第一，在国家实施"数字乡村战略"以及构建国内国际双循环的新发展格局的背景下，将互联网与农村居民消费联系在一起进行研究，有助于开发农村消费潜力、促进农村居民消费结构升级，对于扩大内需、促进国民经济持续健康发展具有重要现实意义。同时，为推进实施数字乡村战略发展、数字中国建设以及解决"三农问题"提供相关政策参考。第二，构建了农村互联网发展水平的评价指标体系，并考察了互联网技术发展对农村居民消费水平影响的空间溢出效应，填补了现有研究中的不足，有助于推动数字乡村建设和数字中国建设。第三，讨论了互联网使用对农户消费影响的异质性，即数字赋能农户消费的差异，有助于引导农村居民合理使用互联网，提高收入、开发农村消费潜力、推进消费升级，以有效推进乡村振兴、促进国民经济持续健康发展。

第二节　研究目标和研究内容

一、研究目标

本研究的总目标是在"数字乡村战略"和构建国内国际双循环新发展格局背景下，以提高农村居民消费水平、推动消费结构升级以及缩小居民消费差距为立足点，通过理论和实证研究，分析我国农村互联网发展对农村居民消费水平、消费结构和消费差距的影响效应、作用路径以及异质性表现。具体的研究目标如下：

1. 根据互联网经济理论和居民消费理论分析农村互联网发展对农村居民消费影响的作用机理，构建理论分析框架。

2. 实证检验我国农村互联网发展对农村居民消费水平、消费结构和消费差距的影响方向、路径、异质性以及空间溢出效应。

3. 根据研究结论提出相关政策建议。

二、研究内容

基于以上研究目标，本书设计的技术路线如图 0-1 所示，并将从以下几个方面开展研究：

导论部分首先介绍了本书的背景和意义，并在此基础上明确了本书研究的目标和内容，并设计了技术路线图；其次，对本书所使用的数据来源和研究方法进行介绍和描述；最后，总结本书的创新点以及研究中存在的不足之处。

第一章是核心概念界定和文献回顾部分。首先，对本书所使用的核心概念进行解释说明，其中主要包括互联网发展、农村居民消费、消费升级等；然后从互联网发展相关研究、农村居民消费相关研究、互联网发展与农村居民消费的关系研究三个方面，对国内外相关文献进行了梳理和评述。

第二章主要是对互联网发展现状、农村居民消费现状以及二者关系进行分析。具体来看，互联网发展现状从全国和农村地区两个维度展开，农村居民消费现状从消费水平、消费结构和城乡居民消费差距三个方面展开。与此同时，本章通过构建农村互联网发展水平综合评价指标体系，并运用熵值法进行测度，得到了2009—2022年我国各省份农村互联网发展水平指数。

第三章是理论基础与理论分析部分，该部分在全书起到承上启下的核心作用。具体而言，首先对相关理论基础进行简单介绍，主要包括互联网经济理论和居民消费理论，为后文理论分析奠定理论基础；其次根据相关理论分别从互联网发展对农村居民消费水平、消费结构升级和居民消费差距三个方面进行了理论分析，为后文实证检验提供了理论依据。

第四章基于2009—2022年的省级面板数据，实证分析了农村互联网发展对农村居民消费水平的影响效应和作用机制。具体来看，首先，利用固定效应模型和动态面板模型分析了农村互联网发展对农村居民消费水平的影响效应，并进行了稳健性和内生性检验。其次，从收入效应和市场范围效应角度对农村互联网发展影响农村居民消费水平的机制进行了实证检验。最后，通过构建空间计量模型分析了农村互联网发展对农村居民消费水平的空间溢出效应。

第五章基于2009—2022年的省级面板数据和中国家庭追踪调查（CFPS）数据，从宏观视角和微观视角出发，实证分析了农村互联网发展对农村居民消费结构的影响效应和异质性。首先，利用固定效应模型和QUAIDS模型，从宏观视角分析了农村互联网发展对农村居民消费结构升级的影响效应，并实证检验了收入效应在农村互联网发展影响农村居民消费结构升级中的机制。其次，利用中国家庭追踪调查（CFPS）数据，从微观视角分析了互联网使用对农户消费升级的影响效应和异质性。

第六章基于2009—2022年的省级面板数据，通过构建固定效应模型、中介效应模型和空间计量模型，实证检验了农村互联网发展对城乡居民消费差距的影响效应、作用机制和区域差异。基于中国家庭追踪调查（CFPS）数据，通过构建OLS模型、中介效应模型，实证检验了互联网使用对农村居民内部消费差距的影响效应和作用机制。

第七章为结论与政策建议，主要是对全书内容进行总结，得出相关研究结论，并依据结论提出政策建议。

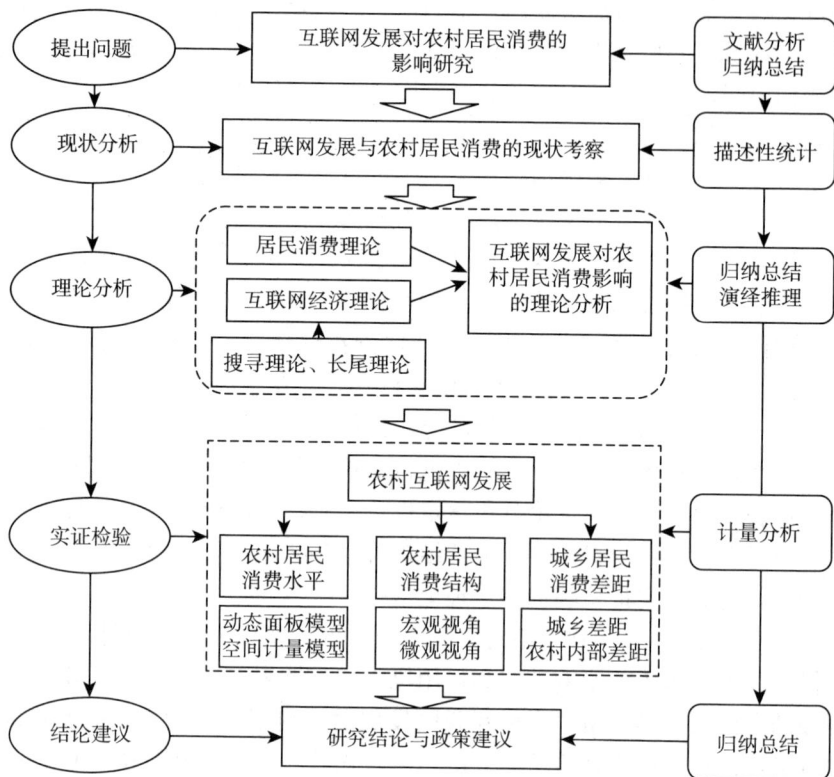

图 0-1 技术路线

第三节 研究方法与数据来源

一、研究方法

基于本书的研究目标与研究内容，为使研究更加全面、科学和严谨，本研究采用了丰富的研究方法，主要有文献研究法、演绎推理法、比较分析法、计量分析法等。

（一）文献研究法

对经典文献的整理和回顾是本研究的前期准备，总结和归纳前人的研究，把握相关研究的最新成果和思想，为本书的进一步研究做了扎实的准备工作。具体来说，本研究通过梳理国内外互联网发展与居民消费的相关文献，厘清了本研究的关键点和突破点。同时，针对本书的研究内容，通过对已有文献资料的梳理和归纳，明确了本书的核心概念、实证分析方法以及相关变量的选取。

（二）演绎推理法

演绎推理法是指从一般性的原理出发，推导出一般原理用于特定事物的结论，为一般到特殊的推理方法，其要求是前提条件和结论之间的联系是必然的。此研究方法主要运用在本书的理论分析部分，用于推导自变量和因变量之间的相关性。

（三）比较分析法和描述统计分析方法

比较分析法在人文社科研究中是较为经典和常用的分析方法之一，具有操作简单等优点，同时还能清晰反映出不同群体、不同特征之间的差异。本研究中，首先对宏观数据和微观数据进行了比较；其次，在宏观层面进行了不同区域的比较，在微观层面进行了不同群体的比较。此外，本研究还采取了描述统计分析方法来分析研究对象的变化规律和演变趋势。

（四）计量分析法

在本书的实证分析部分主要采用的是计量分析法，主要包括固定效应模型、动态面板估计（GMM）、空间计量模型、QUAIDS 模型、中介效应模型等。为避免在后文各章节中重复介绍，此处将本书第四章、第五章和第六章所用到的计量模型进行统一说明。

1. 动态面板估计方法（GMM 估计）

根据消费随机游走假说模型，消费的当期消费行为会受到前期消费行为的影响，且消费行为一般具有惯性特征，即当期消费受前期消费的影响。因此，根据绝对收入假说建立的消费函数模型，可能存在内生性问题，会使估计结果有偏，产生非一致性。鉴于此，本书将采用 GMM 方法进行估计。

2. 二次型近似理想需求系统模型（QUAIDS 模型）

Working 模型是最早研究消费需求的模型，最初是由 Working（1953）提出的，随后又经过 Leser（1963）改进，将该模型用于实证研究。Stone（1954）根据消费者理论推导出了线性支出系统模型（LES），该模型将消费需求作为消费价格和支出的函数。Lluch（1973）在 LES 模型的基础上，进一步提出了扩展线性支出模型（ELES）。在前人研究基础上，Deaton（1980）推导出了近似理想需求模型（AIDS），该模型能够较好地满足消费者选择公理，其基本假设为恩格尔曲线是线性的。但也有研究表明，部分商品的恩格尔曲线呈现出非线性关系。为此，Banks（1997）提出了二次型近似理想需求系统模型（QUAIDS），该模型是 AIDS 模型的扩展形式，能够更好地反映消费需求的非线性变化，更加符合经济规律（元惠连，2017），且用于分析农村居民消费，其结果优于其他相关模型（范金等，2011）。

QUAIDS 模型的一般形式为：

$$w_i = \alpha_i + \sum_{j=1}^{k} \gamma_{ij} \ln p_j + \beta_i ln\left[\frac{m}{a(p)}\right] + \frac{\lambda_i}{b(p)} \left\{ln\left[\frac{m}{a(p)}\right]\right\}^2$$

$$(0-1)$$

其中，w_i 表示农村居民家庭食品、衣着、居住等七类消费支出占总消费支出的份额，满足 $\sum_{i=1}^{k} w_i = 1$，p_j 表示第 j 类消费品的价格，m 表示农村居民家庭消费的总支出，α_i、γ_{ij}、β_i 和 λ_i 表示估计系数。该模型要满足三个约束条件，即加总性：$\sum_{i=1}^{k} \alpha_i = 1$，$\sum_{i=1}^{k} \beta_i = 0$，$\sum_{i=1}^{k} \lambda_i = 0$；齐次性：$\sum_{j=1}^{k} \gamma_{ij} = 0$；对称性：$\gamma_{ij} = \gamma_{ji}$（任意 $i \neq j$）。

Poi（2002）进一步在 QUAIDS 模型的基础上加入了人口学特征变量，用以分析人口特征变量对消费需求的影响，其表达式为：

$$w_i = \alpha_i + \sum_{j=1}^{k} \gamma_{ij} ln p_j + (\beta_i + \eta'_j z) \ln\left[\frac{m}{\overline{m_0}(z)a(p)}\right] + \frac{\lambda_i}{b(p)c(p,z)} \left\{ln\left[\frac{m}{\overline{m_0}(z)a(p)}\right]\right\}^2$$

$$(0-2)$$

其中，$\overline{m_0}(z)$ 表示家庭特征变量变化所引起的支出增加；$c(p,z) = \prod_{j=1}^{k} p_j^{\eta'_j z}$，满足加总性约束：$\sum_{j=1}^{k} \eta_{ij} = 0$。

3. 空间计量模型

空间计量模型能够有效分析要素间存在的空间效应，尤其是研究要素之间存在空间自相关关系时，用空间计量模型进行估计能使研究结果更加准确。空间滞后模型（SLM）、空间误差模型（SEM）和空间杜宾模型（SDM）是三种常见的空间计量模型。空间杜宾模型（SDM）是一般化形式，空间滞后模型（SLM）和空间误差模型（SEM）是空间杜宾模型（SDM）的特殊形式。模型的表达式具体如下：

（1）空间误差模型（SEM）。一般来说，不可观测的变量是普遍存在的。该模型通过设置误差项的空间自相关来反映空间依赖性。模型设定为：

$$\begin{cases} Y = C_n + \beta X + \mu \\ u = \lambda W \mu + \varepsilon \\ \varepsilon \sim N(0, \sigma^2 I_n) \end{cases} \quad (0-3)$$

式（0-3）中，Y 为被解释变量，X 为解释变量，W 为空间权重矩阵，λ 为空间回归系数。

（2）空间滞后模型（SLM）。该模型通过加入因变量的空间自相关设置来解决空间依赖性，它可以检验因变量在区域之间存在的溢出效应。模型表达式为：

$$\begin{cases} Y = C_n + \rho Wy + \beta X + u \\ u \sim N(0, \sigma^2\ I_n) \end{cases} \tag{0-4}$$

式（0-4）中，Y 为被解释变量，X 为解释变量，W 为空间权重矩阵，ρ 为空间相关系数。

（3）空间杜宾模型（SDM）。在空间杜宾模型中，变量间的空间相关性体现在自变量的空间滞后项上，同时也可体现在因变量的空间滞后项上。其表达式为：

$$\begin{cases} Y = C_n + \rho Wy + \beta X + \delta WX + u \\ u \sim N(0, \sigma^2\ I_n) \end{cases} \tag{0-5}$$

其中，Y 为被解释变量，X 为解释变量，δWX 为解释变量的空间滞后项。在具体研究中，需要通过模型诊断检验，如 LM 检验、LR 检验和 Wald 检验等，来选取最佳的模型形式。

采用空间计量模型，其模型的参数估计结果无法反映出直接效应和间接效应的大小，因此需要通过偏微分的方法进一步进行效应分解（Lesage，2009；陈强，2014）。借鉴 Lesage（2009）和张博胜（2020）等的研究方法，将式（0-5）进一步变形得到式（0-6）和式（0-7）：

$$(I_n - \rho W)Y = C_n + \beta X + \delta WX + u \tag{0-6}$$

$$Y = C_n (I_n - \rho W)^{-1} + (I_n\beta + \delta W)(I_n - \rho W)^{-1}X + (I_n - \rho W)^{-1}u \tag{0-7}$$

令 $E(W) = (I_n - \rho W)^{-1}$，$S(W) = (I_n\beta + \delta W)(I_n - \rho W)^{-1}$，代入式（0-7），并结合式（0-8），得到式（0-9）：

$$(I_n - \rho W)^{-1} = I_n + \rho W + \rho^2\ W^2 + \rho^3\ W^3 + \cdots \tag{0-8}$$

$$Y = C_n E(W) + \sum_{k=1}^{n} S_k(W)X_k + E(W)\varepsilon \tag{0-9}$$

将式（0-9）进一步展开，得到式（0-10）：

$$\begin{bmatrix} Y_1 \\ Y_2 \\ \vdots \\ Y_n \end{bmatrix} = \begin{bmatrix} S_k(W)_{11} & S_k(W)_{12} \cdots S_k(W)_{1n} \\ S_k(W)_{21} & S_k(W)_{22} \cdots S_k(W)_{2n} \\ \vdots & \vdots \ddots \vdots \\ S_k(W)_{n1} & S_k(W)_{n2} \cdots S_k(W)_{nn} \end{bmatrix} \begin{bmatrix} X_{1k} \\ X_{2k} \\ \vdots \\ X_{nk} \end{bmatrix} + C_n E(W) + E(W)\varepsilon \tag{0-10}$$

式（0-10）中，$S_k(W)_{ij}$ 为 $S_k(W)$ 中的第 (i, j) 个元素；$S_k(W)X_{ik} = \partial Y_i / \partial X_{ik}$，表示 i 区域的解释变量对 i 区域被解释变量的影响，即直接效应；$S_k(W)X_{jk} = \partial Y_i / \partial X_{jk}$，表示 i 区域的解释变量对 j 区域被解释变量的影响，即间接效应；总效应则为直接效应与间接效应的加总。

4. 中介效应模型

本书采用 Baron 和 Kenny（1986）提出的逐步回归法，借鉴温忠麟

（2014）等对中介效应的检验方法进行中介效应检验。模型的基本形式为：

$$Y = i_1 + cX + \varepsilon_1 \qquad (0-11)$$

$$M = i_2 + aX + \varepsilon_2 \qquad (0-12)$$

$$Y = i_3 + c'X + bM + \varepsilon_3 \qquad (0-13)$$

式（0-11）为核心解释变量 X 对被解释变量 Y 的影响，式（0-12）为核心解释变量 X 对中介变量 M 的影响，式（0-13）为核心解释变量 X 和中介变量 M 对被解释变量 Y 的影响。逐步回归法即依次对上述三个公式进行回归分析，从系数的显著性和符号来判断中介效应是否存在。具体来说，若式（0-12）中的自变量系数 a 显著，同时式（0-11）和式（0-13）中的自变量和中介变量系数 c、c' 和 b 都显著，则说明存在部分中介效应；若式（0-13）中的自变量系数 c' 显著而式（0-11）中的自变量系数 a 不显著，则说明存在完全中介效应。若 $a \times b$ 的符号和 c' 相反，则说明 M 具有遮掩效应。简而言之，中介效应成立的条件在于：式（0-11）中的 c 显著，式（0-12）中的 a 显著，式（0-13）中的 b 显著，$|c'| < |c|$。

中介效应的检验示意图如图 0-2 所示。

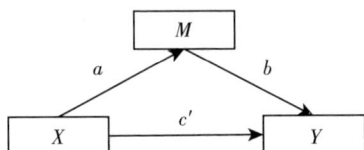

图 0-2　中介效应示意

5. 分位数回归方法

OLS 回归模型中着重考察解释变量对被解释变量的条件期望的影响，这实际上是一种均值回归，反映的是分布的集中趋势，而分位数回归（QR）不易受到极端值的影响，能够更为全面地反映变量间的关系，是普通均值回归的延伸与扩展，估计结果也较为稳健（Koenker et al.，1978；Angrist et al.，2009）。具体来看，估计方程如下：

$$Q_q(CON_i \mid NET_i, Z_i, Area_i) = \alpha_q + \beta_q NET_i + \gamma_q Z_i + \delta_q Area_i + \varepsilon_i$$

$$(0-14)$$

式（0-14）中，$Q_q(CON_i \mid NET_i, Z_i, Area_i)$ 为 CON_i 的 q 条件分位数，α_q、β_q、γ_q、δ_q 分别表示截距项、核心解释变量、控制变量和地区效应在不同分位点的待估参数，ε_i 表示随机扰动项。

6. 倾向得分匹配法（PSM）

倾向得分匹配（PSM）的核心在于"反事实框架"的构架，分为实验组和控制组来降低自选择偏误。本书把使用互联网的农户作为实验组，把未使用互联网的农户作为控制组，在控制可观测协变量的条件下，通过计算倾向得分找出实验组对应的控制组。具体的表达式为：

$$p(Z_i) = Pr\{INT_i = 1 \mid Z_i\} = E\{INT_i \mid Z_i\} \qquad (0-15)$$

式（0-15）中，i 表示第 i 个农村家庭，INT_i 表示农户是否使用互联网，使用为 1，未使用为 0；$p(Z_i)$ 为协变量的倾向得分，可通过 logit 或 probit 模型计算得到。借鉴已有研究（Dehejia，2002），本书采用 logit 模型计算样本的倾向得分，通过最小邻近匹配、核匹配、半径匹配等方法匹配样本中处理组农户和控制组农户，最后进一步计算匹配后样本的平均处理效应（ATT），其公式为：

$$ATT = E\{E\{Y_{1i} \mid INT_i = 1, p(Z)_i\} - E\{Y_{0i} \mid INT_i = 0, p(Z)_i\}\} \mid INT = 1$$

$$(0-16)$$

式（0-16）中，Y_{1i} 和 Y_{0i} 分别表示处理组的农户在使用互联网和未使用互联网的情况下家庭消费总支出。

二、数据来源

根据本书的研究内容，本书选取的数据主要来自宏观省级层面和微观家庭层面，并对数据进行了筛选和整理。第四章使用宏观省级层面的数据进行分析，第五章和第六章结合宏观省级层面和微观家庭层面的数据进行分析。这是由于宏观层面的分析无法体现微观个体数字技术赋能所产生的差异，即不同微观个体由于年龄、受教育程度不同，对互联网的认知和使用程度不同，其对消费产生的影响也可能存在差异。因此本书采用宏观数据和微观数据相结合的方式，既能反映省级层面的平均影响，也能反映微观个体层面存在的差异。

宏观省级层面数据主要来源于《中国统计年鉴》《中国农村统计年鉴》《中国人口和就业统计年鉴》《中国信息年鉴》，以及国家统计局和各地区统计年鉴、统计公报等。最终选取了我国 31 个省（自治区、直辖市）2009—2022 年的面板数据为研究样本。微观家庭层面的数据来自北京大学中国社会科学调查中心实施的中国家庭追踪调查（CFPS）数据。该数据的样本覆盖全国 25 个省（自治区、直辖市），抽样范围涵盖了全国 95％的人口，是一项全国性、大规模、多学科的社会跟踪调查项目，具有较强的代表性和权威性。该数据为两年一期的追踪调查数据，开始于 2010 年，之后每隔两年开展一次调查，调查的范围涵盖了个体、家庭和村级三个层次，包括家庭经济活动、人口迁移、健康、社会交往、个人认知以及村居概况等多个研究主题（北京大学中国社会科学调查中心，2018）。

第四节　创新与不足

一、可能的创新点

1. 研究视角创新

以往关于居民消费研究的文献较为丰富，而互联网对居民消费的影响研究是近几年才兴起的，相关文献还较为缺乏，特别是从农村互联网发展的角度出发，研究其对农村居民消费影响的文献还不足。本书从宏观和微观两个视角出发，将经济学与传播学等各种学科结合起来，系统分析了农村互联网发展对农村居民消费水平、结构升级和消费差距的影响效应及作用机制。因此，从研究视角和学科交叉来看，具有一定的创新性。

2. 分析框架创新

仅从单一或部分的视角评估互联网发展对农村居民消费的影响，不利于科学认识互联网对农村居民消费带来的系统影响，难以为政策制定提供科学指导。本研究将消费水平、消费结构和消费差距纳入统一的研究范畴，构建水平、结构和差距相联系的核心概念和统一分析框架进行分析。首先从理论上分析了农村互联网发展对农村居民消费的影响，其次采用中国省级面板数据和中国家庭追踪调查数据（CFPS）实证检验了农村互联网发展与农村居民消费之间的直接关系、内在关联及其空间溢出效应。

3. 研究方法创新

本研究坚持理论分析与实证研究相结合的方式，系统分析了农村互联网发展对农村居民消费的影响效应。具体来看，首先，基于互联网发展的内涵和有关数字乡村建设的评价指标体系，在科学性、系统性与可行性的原则下，构建了农村互联网发展水平的评价指标体系，对农村互联网发展水平进行了测度。其次，通过引入中介变量探讨了农村互联网发展对农村居民消费的影响机理。最后，通过构建空间计量模型，实证检验了农村互联网发展对农村居民消费影响的空间溢出效应。

二、存在的不足

由于研究能力和研究数据的限制，本研究还存在一些不足或有待改进之处，主要体现在以下几个方面。

第一，统计指标和变量选取方面。基于研究数据的可获得性，本书仅从农村互联网发展的基础设施情况、农村互联网应用和农村互联网发展环境三个维度（6个指标），构建了农村互联网发展水平的综合指数。虽然已最大程度地利用了可获得的数据，但依然会存在衡量指标不全面的问题，即选取的指标可能无法完全表示农村互联网的发展水平情况，可能会对相关结论产生一定的影响。因此，本研究在有关统计指标的设计方面还有待进一步完善。

第二，研究的广度和深度不够。本研究虽然沿着"农村互联网发展—收入效应—农村居民消费水平、消费结构升级和城乡消费差距""农村互联网发展—市场范围效应—农村消费水平"的路径探讨了农村互联网发展对农村居民消费的影响效应及其内在作用机制，但受限于研究数据，在机制分析中仅分析了收入效应和市场范围效应的影响路径，无法通过实证检验分析价格效应和信贷约束效应所发挥的作用。这也是本书在今后研究中有待进一步深化的地方。

第一章 CHAPTER 1

核心概念界定与文献回顾

本章首先对相关核心概念进行界定，规定其内涵及边界，以避免因理解偏差而导致不必要的争论。其次，从互联网发展的相关研究、农村居民消费的相关研究、互联网发展与农村居民消费的关系的相关研究三个方面对现有文献进行了回顾与评述。

第一节　核心概念

一、互联网发展

互联网是在物理网络媒介基础上，通过唯一的网络逻辑地址连接在一起的全球性的信息系统。互联网可以通过 TCP、UDP、ICMP 等协议进行通信，让用户享受互联网通信技术带来的便捷服务。互联网可以不受时间和空间的限制，进行信息的获取、传递、管理和处理，实现人与人之间的沟通和信息的互动。近年来，我国不断加强农业信息化建设，逐步推进互联网进村入户工作，在农村数字基础设施建设、乡村数字治理等方面取得显著成效。随着互联网和数字经济的发展，传统的农村经济社会形态发生了巨大变化。互联网不仅是农村居民之间沟通交流和传递信息的工具，而且深深地融入农村居民的生产生活中。在具体研究中，宏观层面和微观层面对互联网指标的定义有所不同。在宏观层面，主要是考察省级、城市或区域的互联网发展水平，一般是通过构建综合指标体系来评价；在微观层面，更多的是考虑微观个体的互联网使用情况，主要包括是否使用、使用深度、使用广度等。

互联网发展是指一个地区的互联网发展水平。目前，在宏观层面衡量互联网发展水平主要有两种方法：一是用单一指标作为其代理变量，其中互联网普及率是最常用和最传统的指标（Bojnec et al.，2009；汪东芳等，2019；蒋仁爱，2021）。二是选取多维指标，运用统计方法进行测算，得出互联网发展水平的综合指数。一般来说，评价一个地区的互联网发展水平主要是从三个维度构建指标体系：一是互联网发展的基础设施建设情况，主要是指互联网发展所需的基础建设情况，包括长途光缆长度、路由器和交换机数量、域名数量等。互联网基础设施是互联网发展的先行条件，只有构建完整的互联网基础设施资源才能更好地提高互联网普及率。二是互联网应用与普及程度，主要包括互联网普及率、电话普及率和网民数量等。三是互联网发展环境，主要是指互联网发展的经济社会环境，主要是以人均 GDP、软件业投资占比以及电子商务交易额等来衡量。最后将利用各种统计方法对互联网发展水平进行测算，如熵值法、层次分析法、因子分析法等。本研究在宏观层面主要考察省级农村互联网发展情况，因此也将从农村互联网基础设施建设情况、互联网应用与普及程度和互联网发展环境三个维度构建农村互联网发展的综合指标，并进一步采取熵值法来测度，得到我国各省份农村互联网发展水平指数，后文将进行详细说明。

"互联网使用"一词在学术研究中最早出现在传播学和心理学的文献中，考察的是微观主体利用互联网进行信息获取、接受和传播的个体差异（潘忠党，2010）。近年来，随着互联网经济的兴起与发展，学者们开始考察互联网使用对微观家庭经济行为的影响，如互联网使用如何影响家庭的投资和消费决策。已有研究中关于微观家庭互联网使用的衡量标准主要有两个方面，即"是否使用"和"使用程度"。"是否使用"通常以 0-1 变量来表示，即使用互联网为 1，未使用互联网为 0，以考察互联网使用和不使用两种情况下家庭消费行为的差异。"使用程度"则为连续变量，多以互联网使用的时长来表示。一般而言，互联网使用时间越长，获取的信息也就越多。本研究在实证分析部分，以农村居民家庭是否使用互联网来衡量其互联网使用情况，以互联网使用程度做稳健性检验，从而更加全面地反映农村居民家庭互联网使用的广度和深度。

二、农村居民消费

在微观样本中，农户是最基本的分析单元。本书中农户消费指的是农村住户及其家庭成员在项目调查期内（即一年）用于满足生活所需的所有商品和服务支出。按照国家统计局的划分，农村居民消费分为：食品烟酒、衣着、居住、生活用品及服务、交通通信、教育文化娱乐、医疗保健和其他用品及服务八大类支出。

消费水平是指一定时期（如一年）内消费者用于满足自身日常生活需要的各项支出的总和。消费结构是指在消费过程中，人们对不同类型的商品和服务的购买支出占总消费支出的比例以及相互之间的配合、替代等关系。它能够反映国家宏观经济运行情况，是经济结构的重要组成部分，同时也能作为衡量居民的生活水平与质量的重要指标。1991 年之前对城乡居民消费结构的划分略有区别，在农村地区，消费支出分为生活消费支出和文化服务支出，而在城镇地区，消费支出则分为商品支出和非商品支出。1992 年及之后，城乡居民消费结构统一划分为八大类，包括食品烟酒、衣着、居住、生活用品及服务、交通通信、教育文化娱乐、医疗保健、其他用品及服务八大类。具体来看，食品消费支出主要包括居民购买的粮食、蔬菜、肉、蛋、奶等食物支出以及烟草、酒类支出。衣着消费支出是指与居民穿着有关的支出，主要包括购买的服装、鞋类、衣类配件及衣着相关的加工服务支出。居住消费支出主要包括房租、水、电与燃料支出以及用于房屋维修或物业管理等方面的支出。生活用品及服务消费支出主要包括居民用于购买家具及室内装饰品、家用纺织品、家用日用杂品、家用电器、个人用品和家庭服务等方面的支出。交通通信消费支出是指居民对交通和通信工具的购买以及相关的服务和维修等方面的支出。文教娱乐消费支出主要包括用于家庭教育、购买文化娱乐品和服务等方面的支出。医疗保健消费支出主要包括用于医疗器具、药品以及医疗服务等方面的支出。其他用品及服务消费支出是指无法归入上述各类消费的其他用品和服务消费方面的支出。

居民消费差距是指不同居民群体在消费行为、消费水平、消费结构等方面存在的差异。具体来看，消费水平差距是指不同居民群体在消费支出总量上的差异，通常用平均消费支出或人均消费支出来衡量。比如，高收入群体的年人均消费支出可能达到数万元甚至更高，而低收入群体的年人均消费支出可能仅为几千元。消费结构差距是指不同居民群体在各类消费项目上的支出比例差异。例如，高收入群体在文化娱乐、旅游、教育等发展型和享受型消费方面的支出占比较高，而低收入群体则主要将支出集中在食品、住房等基本生活需求方面。消费行为差距包括消费观念、消费方式、消费偏好等方面的差异。高收入群体更注重消费的品质、品牌和个性化，愿意为高端产品和服务支付较高价格；低收入群体则更倾向于购买价格实惠、实用性强的商品，对价格较为敏感。消费差距过大会使消费市场出现两极分化，高端消费市场和低端消费市场发展不均衡，抑制整体消费市场的规模扩张和结构升级，影响经济的可持续发展。同时还可能引发社会矛盾和不稳定因素。低收入群体在基本生活需求和发展机会方面受到限制，容易产生相对剥夺感和不满情绪，影响社会的和谐与稳定。

三、消费升级

根据居民的需求层次可以把居民消费划分为生存型消费、发展型消费和享受型消费三种。其中，生存型消费是满足人们基本生存需要的消费，主要包括衣、食、住等；发展型消费是人们为寻求更高层次的发展而引发的消费，主要包括教育、医疗、交通通信等方面的支出；享受型消费主要包括对家庭耐用品及其他娱乐用品和服务的支出，是以满足享受需求为目的。按照消费品的消费形态又可分为实物消费、劳务消费和精神消费等。其中实物消费是指对有形商品的消费；劳务消费是指以获取服务为目的的消费，没有实物交换；精神消费是指以陶冶情操、愉悦心情等为目的的消费，追求精神层次的提高而进行的消费。

四、消费行为

消费行为是消费者在消费意愿、购买动机等方面的心理和现实表现的总和，消费者最主要的行为就是购买行为。不同学者对消费行为有不同的定义，Woods（1981）认为，消费者行为是人们在选择、比较和购买商品过程中产生的一系列活动。尹世杰（2007）认为，消费行为是指人们在收入约束的条件下，通过购买商品和服务来满足自身需求的过程。消费者不同的购买行为会导致最终消费结构的变化，因此消费结构是消费行为的结果和表现。消费行为受到多种因素的影响，主要包括消费者的收入水平和需求、商品的价格和特征以及社会环境等。互联网技术的发展和应用也必将影响消费者行为，进而对消费结构产生影响。

第二节　文献回顾

本研究的主题是互联网发展对农村居民消费的影响。一般来说，宏观层面的研究为省级或者区域的互联网发展水平，而微观层面的研究则为个体或农户的互联网使用情况。因此，本部分将宏观层面的互联网发展与微观层面的互联网使用同时纳入考察范围，分别对互联网发展（使用）、农村居民消费以及互联网发展与农村居民消费的关系三个方面进行系统的文献梳理，以把握当前的研究进展与不足，为本研究奠定基础。

一、互联网发展的相关研究

（一）互联网发展水平的测度

宏观层面和微观层面对互联网指标的定义有所不同。在宏观层面，主要是以省级、城市或区域的互联网发展水平来衡量。在微观层面，更多的是考虑微观个体的互联网使用情况，主要以居民是否使用互联网来衡量。具体来看，目前在宏观层面，关于互联网发展水平的评价和测度主要分为两类：一是用单一指标作为其代理变量，二是选取多维指标，运用统计方法进行测算，得出互联网发展水平的综合指数。具体来看，在单一指标方面，用来衡量互联网发展水平的单一代理变量有互联网普及率（汪东芳等，2019；蒋仁爱，2021）、网民人数（惠宁，2020）、网站数量（郭家堂等，2016）、互联网接入户数（王金杰等，2018）和移动电话数量等。在多指标综合测度方面，国内学者选取不同维度的指标和方法对互联网发展水平进行了综合测度与评价。俞立平（2005）等选取互联网基础设施、互联网普及率以及互联网应用程度3个一级指标和8个二级指标，运用层次分析法对互联网发展水平进行了测度。尹楠（2015）等利用网民人数、域名数量、网站数量等6项指标，通过因子分析法测算了我国31个省份的互联网发展水平。王子敏（2018）等选取了9个具体指标，主要包括互联网普及率、网站数量、人均移动电话数量等，利用熵值法对我国各省域的互联网发展水平进行了测度。李佳钰（2018）等采用主成分分析法进行测度，选择的指标为互联网资源、使用情况和应用环境3个一级指标，涵盖了长途光缆长度、互联网普及率、人均GDP等10个二级指标。张骞（2019）选取互联网基础设施、互联网应用程度、互联网发展环境3个维度12个二级指标，利用主成分分析法测度了我国30个省份的互联网发展水平。李旭洋（2020）利用熵值法，从互联网基础资源、普及率和外部发展环境3个方面测度了我国各省份的互联网发展水平。

（二）互联网与经济增长

近年来，随着信息通信技术的迅猛发展，互联网所展现出的无限潜力和广阔前景也引起了学者们的广泛关注。已有研究表明，以互联网为代表的信息通信技术（ICT）已成为驱动我国经济发展的新动能（韩宝国，2014）。根据古典增长理论和新增长理论可知，信息技术作为一种重要的投入要素，是推动经济增长的动力之一。目前，学者们从理论与实证两个方面对互联网发展与经济增长的关系做了大量研究。在理论研究方面，大多数研究都肯定了互联网技术对经济增长的促进作用（Barro，1991；Song，2012；张泉，2018）。Litan（2001）通过对美国相关行业的调查数据分析发现，使用互联网有利于降低交易成本，从而提高生产效率，促进经济增长。Cumming（2007）认为互联网通过在已有创业活动集群的地区之间集聚，不仅刺激了更大区域社区之间的实际私人投资支出，而且加强了区域间的经济联系，有助于推动经济增长。Meyer（2007）指出，互联网技术主要是通过促进产品创新、降低研发成本以及减少企业内部交流成本3个方面来推动经济增长。谢平（2012）等通过对互联网金融模式的研究，发现互联网技术不仅可以提高资源配置效率，还能降低交易成本，进而促进经济增长。互联网通过改善资源配置效率来促进经济增长的观点也得到众多学者的支持①（何大安，2018；邢红娟，2018；杨云秀，2019）。

在实证研究方面，多数学者通过各种数据分析得出了互联网技术发展有助于推动经济增长的结论（Katz，2011；李立威，2013；戴德宝，2016；叶初升，2018）。具体来看，从实证出发研究互联网普及率、宽带等互联网基础设施与经济增长关系的文献较多（Choi，2009；Jiménez，2014；韩宝国，2014；刘姿均，2017）。Czernich 等（2011）认为宽带基础设施使高速互联网发展成为可能，宽带普及率每提高 10 个百分点，人均 GDP 就会提高 0.9～1.5 个百分点。Salahuddin 等（2016）利用南非 1991—2013 年的时间序列数据，分析了互联网使用对经济增长的影响，结果显示互联网使用和经济增长之间存在着积极和显著的长期关系。张越等（2008）发现互联网普及率和宽带等互联网基础设施建设对我国各省（自治区）的经济发展存在显著的促进作用。谢虹等（2012）采用因子分析法进行研究，发现宽带发展水平每提高 1%，将使得经济发展水平提高 0.41%。何仲（2013）利用我国 2001—2010 年的面板数据分析了宽带渗透率与经济增长之间的关系，结果发现宽带渗透率每提高 10%，将带动国民经济提升 0.424%。

在实证研究方面，有关互联网对经济增长的门槛效应研究也较为丰富（郭家堂，2016；韩宝国，2018）。Röller（2001）等利用 21 个经合组织国家 20 年来的数据检验电信基础设施对经济增长的影响，发现当其超过某个临界值后，对于经济增长的促进作用更加明显。张家平等（2018）认为互联网与经济增长之间并非简单的线性关系，而存在显著的门槛效应。李杰伟（2020）利用我国 2001—2016 年的城市面板数据分析了互联网、人口规模与经济增长之间的关系，结果发现只有当互联网宽带接入渗透率②超过 7.72% 时，其对城市经济的增长效应才会显著。李晓钟（2020）发现互联网发展水平对经济增长的门槛效应还存在区域异质性，东部地区的门槛值大于中西部地区。此外，Niebel（2018）基于 1995—2010 年 59 个国家的面板数据，分析了信息通信技术（ICT）对发展中国家、新兴国家和发达国家经济增长的影响，结果发现 ICT 与 GDP 增长之间的存在正相关关系，但对发展中国家和新兴国家的促进作用小于发达国家。程名望（2020）认为互联网的发展可以优化劳动力资源的配置

---

①　资源配置问题是经济理论研究的基础。经济学家从市场机制和政府调控等方面对资源配置问题进行了大量的研究和讨论，但随着科技的进步，互联网发展对厂商生产和人们消费均会产生影响，进而在一定程度上影响资源配置。何大安（2018）认为，互联网技术主要是通过提高投资者之间的行为互动、减弱价格和供求关系对市场配置资源的主导作用、以大数据分析选择投资经营等多方面来提高资源配置效率。

②　互联网宽带接入渗透率以常住人口中每百人互联网宽带接入户数来表示。

效率，进而提高劳动生产率，实现帕累托改进。

（三）互联网与社会发展

互联网发展不仅有助于促进经济增长，对社会发展也有着深刻的影响。在社会变迁的进程中，通过解构和重构互联网技术，形成了新的社会关系和社会运行模式（韩长根，2020）。随着信息技术的发展，互联网的普及与应用广泛影响着人们的生产生活方式（周广肃等，2017），如使用互联网来完成教育培训、医疗咨询、购物娱乐以及信息交流等。国内外学者就互联网对社会的影响进行了较为全面的探讨，主要集中于互联网发展对就业、居民健康、居民幸福感等方面的影响。

1. 互联网与就业

有关互联网与就业的文献可谓汗牛充栋。在宏观层面，学者们主要探讨了互联网对就业率的影响。如 Fabritz（2013）利用 2005—2009 年 8 460 个德国城市宽带覆盖的面板数据进行分析，发现地方就业率和地方宽带基础设施之间存在显著的正向关系，且在农村地区更为显著。Atasoy（2013）发现获得宽带服务能够使就业率增加约 1.8 个百分点，这在农村和偏远地区的影响更大。

更多的学者则集中于微观层面的探讨。有研究表明，会使用互联网作为一种劳动者技能，不仅可以提高劳动生产率，还能拓宽社会资本，降低信息获取的成本，进而提高就业率（Dimaggio，2008；Feldman，2010；黄荣贵等，2013；赵羚雅等，2019；张卫东，2021）。Vazquez（2017）利用欧洲电信改革的契机，分析了互联网和劳动者工作变化之间的关系，结果表明，在电信改革实施后，信息和通信技术密集型部门的总就业、非全时工作和家庭工作出现了不成比例的增长。马俊龙（2017）利用 CFPS 2014 年的数据，在解决内生性问题后，发现使用互联网可以通过提高社会资本和减少家务劳动时间来增加农村劳动力的非农就业概率。周冬（2016）、张景娜（2020）等均得到了相似的结论。潘明明等（2021）则从女性就业的视角出发，研究了互联网使用与农村妇女非农就业之间的关系，结果发现农村妇女使用互联网显著提升了其非农就业参与率。

此外，互联网的应用与普及，正逐步改变着传统的行业模式，为新产业、新业态的发展提供了机会。部分学者也开始关注互联网对创业的影响（Reuber et al.，2011；辜胜阻等，2016；苏岚岚等，2020）。如 Audretsch 等（2015）采用德国 2001—2015 年的面板数据，发现宽带等基础设施对创业活动有显著的正向影响。周洋等（2017）认为互联网的使用提高了农村家庭的社会交往和信息获取能力，从而对其创业意愿有显著的促进作用。史晋川（2017）利用 CFPS 数据分析了互联网使用与创业行为的关系，结果发现互联网使用使个人创业概率提高了 4.1～4.8 个百分点。周广肃等（2018）基于 CFPS 数据也得到了相似的结论，认为使用互联网的家庭进行创业的概率比未使用互联网的家庭高出 3 个百分点。

2. 互联网与居民幸福感

互联网与居民幸福感的相关研究最早始于社会学、心理学等学科的文献（Kraut，1998；Shapira，2007；Ward，2016）[①]，经济学中的相关研究开展较晚（王鹏，2014；祝仲坤，2018）。一方面，有研究表明，使用手机、电脑等相关互联网设备有助于改善人们的生活状况（Kavetsos，2011），同时能够强化社会交往，提供更多的休闲娱乐方式以及新的信息获取渠道，进而可以提高居民的幸福感和获得感（Cilesiz，2008；杨东，2015；冷凤彩，2018）。同时，互联网作为一种新的社会交往媒介，能够通过提高社会互动水平，降低人们在生活中的压力和抑郁程度（Shaw，2002），更是提供了反映民情、表达民意的平台，提高了人们的公平感和满足感（苏振华，2015）。周广肃（2017）利用CFPS 数据进行分析，发现互联网的使用提高了居民的幸福感，但降低了收入对幸福感的作用。另一方面，也有研究指出互联网的使用对居民幸福感的提升没有明显的作用（Long，2019），甚至可能会降低居民的幸福感（Clark，2011）。其原因在于互联网的发展加快了信息流通，这使人们能够通过网络关注到他人的收入情况，从而产生比较，这种社会比较一般会降低幸福感。但随着互联网使用频率的提高居民的主观幸福感确实得到了显著提升（Long，2019；张京京等，2020）。

3. 互联网与居民健康

目前，这方面的研究主要是针对老年人或青年人展开。有学者指出，使用互联网有利于老年人降低孤独感、加强社会沟通，从而能够改善自身的健康状况（Cotten，2012；Cotten，2014；汪连杰，2018）。如洪建中（2015）根据访谈研究发现，使用互联网对老年人的健康具有显著的积极意义。Heo 等（2015）采用美国健康与退休调查数据（HRS），探讨了使用互联网、社会支持、孤独、生活满意度和心理健康之间的关系，发现老年人网络使用水平越高，社会支持水平越高，孤独感就越少，生活满意度和心理健康水平也越高。赵建国（2020）利用 CGSS 数据分析发现，使用互联网能够明显提升老年人的心理和生理健康。

同时，有学者指出若研究样本仅为老年或青年人群体，会出现选择性偏

---

① Kraut 等（1998）认为互联网的使用让家庭成员之间的交流减少，同时个人的社会交际圈逐步缩小，进而增加了自身的孤独感。Shapira 等（2007）认为使用互联网能够增强老年人的认知能力和社交能力，降低孤独感，从而提高老年人的幸福感。Ward（2016）研究发现自闭症患者使用网络社交媒体之后，将会拥有更高的幸福感和满意度。

误，难以得到一致的结论，还需从居民整体角度出发，研究互联网对其健康的影响（赵克文，2020）。如陈亮（2020）利用 CGSS 数据分析发现，居民使用互联网后的自评健康程度比未使用互联网的居民高出 1.37 倍。杨妮超等（2020）认为农村居民使用互联网可以通过非正式社会支持来提高其健康水平，这对农村低收入群体和女性群体的影响更强。但也有学者认为互联网虽然为居民提供了多样化的娱乐方式，但容易使人上瘾而不利于身心健康（Azher，2014；Kitazawa，2018）。Billari 等（2018）利用德国的面板数据分析了睡前使用互联网与睡眠的关系，发现高速互联网（DSL）的接入降低了人们的睡眠时间和睡眠满意度。

4. 其他方面

有研究表明，互联网对金融发展（谢平等，2012）、国际贸易（施炳展，2016）和企业的研发与创新等（Czernich 等，2011）具有显著促进作用。另外，互联网的发展还可以降低犯罪率（陈力朋，2014；André Nolte，2017；朱金玉，2019），提高居民的政治参与（孟天广等，2016）等。

二、农村居民消费的相关研究

（一）农村居民消费的影响因素

1. 收入与收入差距

收入与消费本就是不可分割的整体，是一个问题的两个方面。收入是消费决策的约束条件，已在学界达成共识，即收入水平越高，消费能力就越强。方松海（2011）认为除收入水平以外，收入分配和不确定性也是影响消费的关键因素。尹华北（2010）发现转移性收入的增加提高了农村居民的消费水平。胡兵（2014）认为增加农村居民的转移性收入有助于其提高食品、居住、医疗保健等项目的消费支出。王小华（2013）利用我国 1997—2011 年 30 个省份的面板数据，发现农村居民的各项收入增加均有利于提高消费水平，从其影响效应的大小来看依次为家庭经营性收入、转移性收入、工资性收入和财产性收入。刘雯（2018）利用 CFPS 数据发现，农户内部收入差距和城乡收入差距均会挤压农户消费。徐亚东（2021）的研究也支持这一结论，即无论是城乡居民收入差距扩大，还是农村居民内部收入差距扩大，均不利于农村居民消费扩张。

2. 不确定性与预防性储蓄

农村居民在生产和生活中面临着诸多的不确定性，如在农业生产中面临着自然风险和市场风险，外出务工面临着工作不稳定、社会保障不健全等失业的风险。因而农村居民更易形成预防性储蓄，来弱化不确定性带来的风险，这就会使其降低当前消费。Zeldes（1989）等发现家庭的收入不确定性越高，越容易引发预防性储蓄，从而被迫降低消费。Jappelli（1999）等发现社会保障制度和公共服务能够通过弱化收入不确定性和降低预防性储蓄来提高居民消费水平。刘灵芝（2011）利用湖北省的微观调研数据，从收入不确定性和支出不确定性两个维度出发，分析了不确定性对我国农村居民消费的影响，发现收入不确定性和支出不确定性都会对农村居民消费产生抑制作用，但收入不确定性的影响大于支出不确定性。王克稳（2013）基于修正的持久收入假说，发现消费不确定性对农村居民的影响大于收入不确定性。杨晶（2018）从空间效应视角出发，探讨了两类不确定性对农村居民消费的影响，结果发现消费不确定性会促进农村居民消费，而收入不确定性则有抑制作用，且收入不确定性和消费不确定性具有显著的空间溢出效应。陈冲（2014）单从收入不确定性出发，将收入不确定性分为不确定性程度、不确定性方向以及不确定性心理状态三种，发现三者对农村居民消费均有显著的影响。赵新泉（2019）、王静（2020）等也得到相似的结论，均认为收入不确定性降低了农村居民消费。赵航（2019）基于持久收入假说探讨了不确定性与农村居民消费的关系，发现虽然我国农村居民消费不完全符合收入持久假说，但是增加持久收入依然可以大幅度提高农村居民消费水平。

3. 人口年龄结构

莫迪利安尼（Modigliani）的生命周期假说是人口年龄结构变化与消费关系研究的理论基础。我国自实施计划生育政策以来，人口年龄结构发生了较大变化。有关人口抚养比与农村居民消费关系的研究也越来越多，但所得到的结论并不一致。李春琦（2009）利用 1978—2007 年的年度数据分析，发现少儿抚养和老年抚养对农村居民消费均有显著的抑制作用。李响（2010）考察了1993—2007 年农村人口年龄结构变化对农村居民消费的影响，发现农村少儿抚养比上升，提高了农村居民消费率，而老人抚养比上升却降低了农村居民消费率。于洋（2015）利用 1980—2012 年的时间序列数据，得到了不完全一致的结论，认为少儿抚养比下降促使农村居民消费提升，而老年抚养比上升抑制了农村居民的消费。李承政（2012）基于 2001—2009 年中国省级面板数据，得到了与李响（2010）相反的结论，他认为农村老年抚养比上升能够提高农村居民消费率，进而扩大农村消费，而农村少儿抚养比上升却抑制了农村消费，不利于农村消费扩张。谭江蓉等（2012）得到结论支持了李承政（2012）的研究，认为农村人口老龄化有助于提高农村居民消费倾向。

4. 非农就业与劳动力流动

理性的农民之所以选择参与非农就业，其原因在于他们要通过劳动力资源再配置来获取更多的收益，消费增加就是这种收益的一种。目前有不少学者讨论了劳动力流动和非农就业对农村居民消费的影响。如杜鑫（2010）等利用 CHIP2002 数据进行分析，发现农村劳动力就地转移有效提高了农村家庭消费水平，但异地转移对农村家庭消费的影响不显著。聂正彦（2014）认为农村劳动力流动通过增加工资性收入扩大了消费，且劳动力流动的间接效应大于直接效应。Mishra（2015）等发现在孟加拉国，农村劳动力流动对农村居民食物消费的影响呈倒 U 形。温兴祥（2019）利用 CHIP2013 数据进行再检验，发现农村劳动力本地非农就业显著提高了家庭的消费水平。文洪星（2018）从农村居民家庭消费的总量和结构两个方面进行了考察，发现农村劳动力非农就业显著增加了农村居民家庭消费总支出。刘宗飞（2021）则认为非农就业并不必然会促进农村居民家庭消费提升，只有当农村家庭非农就业人数超过一定比例时，才会显著提升其家庭消费总量。陈培彬（2021）利用 2018 年的 CFPS 数据进行分析，也发现农村居民家庭非农就业能够提升其消费总量，同时也能促进农村居民家庭消费升级。

5. 其他因素

现有文献对农村居民消费的影响因素还开展了广泛的讨论，包括社会资本（杨晶，2020）、信贷约束（邱黎源等，2018）、农村基础设施（刘伦武，2010；杨琦，2018）、社会保障（谢文，2009）等。具体来看，较高的社会资本水平可以缓解个体的信贷约束，获得更多的信贷资源（杨明婉，2019），从而有利于扩大农户消费。郭云南（2012）认为宗族社会网络可以作为一种担保机制让其内部成员获得私人融资。南永清（2019）发现与传统的地缘和血缘关系形成的社会网络关系相比，依托"邮电通信"形成的社会网络对农户消费的正向影响效应更强。蔡栋梁等（2020）基于中国家庭金融调查微观数据，发现信贷约束显著降低了农户的消费总量，不利于其消费结构的优化，且这对低收入群体的作用更为明显。杨琦（2018）利用我国 2000—2010 年 30 个省份的面板数据，分析了农村基础设施投资与农村居民消费的关系，发现在中部地区，农村基础设施投资对农村居民消费呈现出显著的"挤出"效应，而在东部和西部地区并不明显。

（二）居民消费差距的相关研究

消费与收入相比，更能全面反映个人的福利水平，因而消费差距与收入差距相比，也更能全面刻画经济不平等状况（Meyer，2013）。目前，有关消费差距的研究主要有三类：一是研究消费差距的变化趋势。此类研究多与收入差距进行比较分析，但由于所采用的数据和研究的地区、群体存在差异，所得到的结论并不一致。部分研究认为，消费差距可能与收入差距的变化趋势存在一致性（Cutler，1992），但大部分研究认为消费差距明显低于收入差距（Blundell，1998；曲兆鹏等，2008）。当然也有研究指出收入差距可能低于消费差距（谢邦昌等，2013；王子成，2016）。二是从消费结构角度出发，研究家庭的分项消费差距。此类研究主要是根据消费支出来探究消费差距的构成以及各项支出对消费差距程度的贡献。如 Garner（1993）利用 1987 年美国消费者支出访谈调查数据进行分析，发现家庭经营、服装、服务以及娱乐方面的消费支出弹性相对较高，食物、住房、交通三项消费支出可以解释总消费基尼系数的 50％以上。邹红（2013）利用 1989—2009 年 CHNS 数据，发现汽车、住房等耐用品消费差距大于收入差距，但耐用品消费差距一直处于下降状态，这说明汽车、住房等耐用品消费差距是总消费差距的重要组成部分。三是探讨消费差距的成因及影响因素。此类文献相对于前两类更为丰富。现有研究认为，收入波动、储蓄动机、年龄增长、经济增长等是影响消费差距的重要因素（Deaton，1994；Krueger，2006；李涛，2013）。近年来，随着我国消费差距的不断扩大，学者们对产生消费差距的成因进行了广泛探讨。如周广肃（2020）认为如果市委书记具有本地任职经历，则有利于降低该地城市居民的消费基尼系数，这主要是通过提高低收入家庭的转移支付收入来实现。刘靖等（2021）从房价的角度进行了分析，发现房价上涨是造成中国消费差距扩大的重要因素。

1. 城乡居民消费差距

研究城乡居民消费差距，主要是从其度量和影响因素两个方面展开。一是在有关城乡居民消费差距的度量方面。高帆（2013）采用 1978—2011 年的生计面板数据，利用城乡消费比和恩格尔系数从总量、结构和区域三个层面进行研究，发现我国城乡居民消费差距呈现出倒 U 形曲线。李春玲（2014）利用 2001 年和 2011 年全国抽样调查数据，对比分析了两个年度城乡居民拥有的耐用消费品数量以及购买意愿，发现城乡居民家庭耐用品消费差距明显缩小。二是从城乡居民消费差距的影响因素方面进行研究。这方面的研究更为丰富，主要是从城乡收入差距（李小克，2016）、人口年龄结构（吴海江，2014；王笳旭，2015；王健等，2021）、经济发展水平（朱诗娥等，2012）以及产业结构（徐敏，2015；宋凤轩，2020）等方面分析其对城乡居民消费差距的影响。例如，李小克（2016）利用 1997—2013 年的省级面板数据，采用基尼系数来衡量城乡居民收入和消费差距，发现城乡居民收入差距显著扩大了城乡居民消费差距。王笳旭（2015）发现人口老龄化能缩小城乡消费差距，且农村人口老龄化的影响效应强于城市。王健（2021）利用空间计量模型分析了城市化和老龄化对城乡居民消费差距的影响，发现城市化对本地区和邻近地区城乡居民消费差距的缩小均具有显著促进作用，而老龄化则会加大本地区城乡居民消费差距，缩小邻近地区城乡居民消费差距。此外，程名望（2019）、罗又一（2021）等发现互联网发展显著抑制了城乡居民消费差距的扩大。贾卫丽（2020）利用 2001—2016 年的省级面板数据，考察了物流业发展对城乡居民消费差距的影响，发现物流业发展水平提高能够有效缩小城乡居民消费差距。张彤进

（2021）认为数字普惠金融有助于缩小城乡居民消费差距，且中西部地区更为明显。

2. 农村居民消费不平等

有少数学者从农村居民的视角探讨农村居民消费不平等的成因，但相关研究文献较少。戴平生（2012）认为食品、衣着等消费支出的增加有利于抑制农村居民消费不平等，同时农村收入不平等对农村消费不平等有显著的影响。朱梦冰（2018）发现农村居民消费不平等的关键在于收入和财产的差距，且农村消费不平等低于收入不平等。杨晶（2019）认为农户间的消费不平等程度较为严重，而通过提高农户的社会资本和人力资本水平能够有效降低消费不平等。周广肃（2020）基于 CFPS 数据分析了新型农村社会养老保险对农村居民消费不平等的影响，发现新型农村社会养老保险有效降低了农村消费不平等程度，而且对中低收入的家庭效果更明显。

三、互联网发展与农村居民消费的关系研究

随着互联网的发展与普及，人们的消费观念、消费模式与消费结构等也都在发生变化（江小涓，2017）。现有文献普遍认为互联网的发展和使用不仅改变了传统的交易方式，拓展了交易范围和交易规模，显著提升了总体消费规模（罗珉，2015），还促使居民改变了消费方式，引发个性化需求和加速消费产品更新迭代，有助于实现消费结构升级（马香品，2020）。目前，关于互联网发展与居民消费[①]的研究主要集中于消费总量、消费结构和作用机制三个方面。

1. 互联网发展与居民消费总量

在宏观层面，多数学者认为，互联网技术能够有效缓解信息不对称，降低交易成本，从而提升总体消费水平（Nakayama，2009）。方福前（2015）基于搜寻理论的微观基础构建了动态一般均衡模型，利用省级面板数据研究了电子商务市场发展与居民消费的关系，发现电子商务市场发展与居民消费总量之间呈 U 形关系。张红伟（2016）测算了我国 31 个省份的互联网发展水平，并将其分为高发展水平地区和低发展水平地区两类，发现互联网发展能够显著提高居民消费水平，这一效应在高发展水平地区显著，而在低发展水平地区并不显著。这一观点也得到了其他学者的支持，如黄卫东（2016）、刘长庚（2017）等。

从微观家庭层面来看，互联网的使用也显著提升了农户的消费水平。如祝仲坤（2017）指出使用互联网显著了提高了农村居民的消费水平，且通过分位数回归分析发现，随着消费水平的提高，互联网对农村居民消费水平的提升作

---

① 现有文献多从全体居民的角度出发研究互联网对消费的影响，因此本书将居民消费与农村居民消费的相关文献放在一起进行梳理。

用不断弱化。贺达（2018）利用 2016 年 CFPS 数据发现，互联网的使用提高了农村居民的消费水平，但对享受型消费的影响并不明显。

此外，易行健（2018）等研究发现数字金融的发展，也即互联网金融的发展能够缓解居民的流动性约束，同时随着移动支付平台的普及，支付便利性极大提升，降低了购物成本，进而增加了居民消费，且这一效应对农村地区和中西部地区的家庭更为明显。张勋（2020）认为数字金融的发展能够显著提升居民的消费，这主要是通过支付便利性实现的，流动性约束的放松并非主要原因，且对农村居民消费的促进作用并不明显。张勋（2021）等利用 CFPS 数据进一步研究发现，数字金融的发展的确促使我国居民收入和消费显著增加，对于能够接触互联网的家庭，数字金融通过缓解流动性约束和提升支付便利性促进其消费，而对无法接触到互联网的家庭，数字金融则可以通过促进非农转移就业等方式，以提高收入、扩大消费，进而抑制数字鸿沟的扩大。

2. 互联网发展与居民消费结构

学者们普遍认为，在信息时代互联网是推动居民消费升级的关键因素（杜丹清，2017）。此方面的研究也主要从宏观和微观两个层面展开。具体来看，在宏观层面，刘湖（2016）利用 2003—2013 年的省级面板数据，考察了互联网发展对农村居民消费水平和结构的影响，发现互联网发展有助于推动农村居民消费由生存型向发展型和享受型转变，且对东部地区农村居民消费结构的影响效应大于西部地区，移动电话普及率的影响效应最大。汤才坤（2018）认为"互联网＋"对农村居民的各项消费支出均有正向影响效应。其中，移动电话普及率的影响效应最大，互联网普及率的影响效应次之，互联网固定资产投资系数的影响效应最小，且互联网普及率对东部地区农村居民消费结构的影响最大，而移动电话普及率则对西部地区农村居民消费结构影响最大。向玉冰（2018）使用 AIDS 扩展模型，利用 2003—2015 年的省级面板数据进行实证分析，研究发现互联网发展会降低农村居民的食品和家庭设备支出比重，但会提高文教娱乐、交通通信等消费支出比重；对城市居民而言，互联网对其食品、衣着和生活用品及服务消费支出比重具有负向影响，对其他消费支出比重具有正向影响。整体来说，互联网的普及促进了城乡居民消费升级，且对城市居民的影响更为显著。

在微观层面，王茜（2016）认为互联网等信息技术的发展有利于降低交易成本，提升消费意愿，改善消费环境，提高消费体验，从而扩大消费，促进消费升级。李旭洋等（2019）利用 CFPS 数据，在使用工具变量解决内生性问题后，发现互联网的使用对居民家庭消费升级具有明显的促进作用，且对农村家庭的促进效应大于城镇家庭。曾洁华（2021）使用 AIDS 模型，利用广东省21 个地级市的数据，发现互联网的发展优化了广东省居民的消费结构，推动了其消费结构升级。

3. 作用机制

互联网发展对居民消费的间接作用，即互联网技术通过影响就业和收入等，对消费总量和消费结构产生影响。李雅楠（2017）发现互联网的使用能够显著提升家庭的工资性收入，从而对家庭消费扩张产生积极影响。程名望（2019）等的研究表明，互联网的发展可以通过"收入效应"影响家庭的消费总量和结构。有研究表明，互联网的发展和使用可以提高家庭的创业意愿和创业条件，从而增加创业收入，实现家庭消费升级（周洋等，2017）。Dettling（2017）则从女性就业的角度出发，发现互联网的使用能够扩展女性的就业范围，主要是由于互联网弱化了工作地点和工作技能，使女性拥有更多的机会，从而提升其家庭的消费能力。此外，温雪（2019）认为互联网可以提高农户社会资本，进而对农户的消费产生正向影响，且对西部地区的促进作用强于东部地区，对青年人的促进作用强于中老年人。

四、文献评述

通过对以上文献的梳理与分析，可以发现国内外学者在互联网对经济、社会的影响以及对农村居民消费的影响因素等方面展开了大量研究，取得了显著成效，这为本研究进一步探讨互联网发展与农村居民消费的关系提供了有益的参考。然而，现有研究仍有待改进之处：第一，现有关于互联网发展对农村居民消费影响的文献较少，多数研究是从全体居民消费的视角展开，缺乏针对农村居民消费影响的研究。既有关于互联网对农村居民消费影响的研究，也多关注互联网与消费水平之间的关系，缺乏对消费结构以及消费差距的探讨。第二，现有文献中有关互联网发展水平的衡量指标较为单一，缺乏准确度，且鲜有文献研究农村互联网的发展情况。第三，已有文献的分析中，忽略了互联网技术发展存在的空间溢出效应，可能使估计结果产生一定的偏差。第四，已有文献在微观层面的分析中，缺乏数字赋能农户消费的差异分析，即农户对互联网认知程度不同而对消费产生的异质性影响。

基于此，本研究在已有文献的基础上，关注的是在数字乡村战略背景下，农村互联网发展能否提升农村居民消费水平、促进消费结构升级以及缩小居民消费差距。因此，本研究试图从以下几个方面进行补充：第一，构建多维度指标体系，采用熵值法对我国农村互联网发展水平进行综合测度，以考察我国各省份农村互联网发展情况；第二，在此基础上，分析农村互联网发展对农村居民消费水平、消费结构升级以及居民消费差距的影响效应、作用机制和空间溢出效应；第三，从微观视角出发，采用 OLS 回归、分位数回归、PSM、工具变量法等检验互联网的使用对农户消费结构升级的影响，并探讨互联网的使用对农户消费的异质性影响。

　　本研究采用理论与实证相结合的方法，研究了农村互联网发展对农村居民消费的影响效应及其作用机制，在推进数字乡村建设、充分挖掘农村消费潜力、扩大内需等方面，为相关部门制定政策提供了科学依据。

第二章

CHAPTER 2

互联网发展与农村居民消费的现状考察

　　本章对我国互联网发展和农村居民消费的现状进行了分析，主要包括四个部分：第一，分析了全国互联网发展的整体情况和农村互联网的发展情况。在全国层面主要是从互联网基础资源和互联网普及率两个方面进行分析；在农村层面主要是从农村网民规模和农村互联网普及率、农村居民上网行为、农村网络消费发展趋势三个方面进行分析。第二，运用熵值法，测度了我国农村互联网发展水平综合指数，并对其结果进行了分析。第三，考察了农村居民消费水平、消费结构以及城乡居民消费差距的变动趋势。第四，利用散点图分析了农村互联网发展和农村居民消费的关系。

第一节　互联网发展现状

一、全国互联网发展现状

（一）互联网发展的基础资源

　　表 2-1 显示了 2009—2022 年我国互联网基础资源的发展情况。可以看出，样本期内，我国域名数总体呈上升趋势，由 2009 年的 1 681.8 万个增加到 2022 年的 3 440 万个，域名数在 2011 年和 2017 年明显下降。网站数量在 2017 达到 544 万个之后，呈逐年下降的趋势。其原因主要是 2011 国家为加强网络环境治理，关闭了一些不合法、不安全的网站；2017 年之后新媒体快速发展，网站备案、安全、运维等方面的要求更为严格，导致域名数量和网站数量减少。IPv4 是互联网通信协议第四版，IPv6 则是指互联网通信协议第六版。在 2009—2011 年，我国 IPv4 地址数量处于上升态势，在 2011—2022 年逐步趋于稳定。IPv6 地址在样本期内迅猛发展，呈现出强劲的增长态势。这是由于在 2011 年 IPv4 地址已经用尽，而 IPv6 地址不仅能够解决网络资源地址数量的问题，还具有速度更快、质量更好等优势。统计数据显示，2022 年美国

拥有的 IPv6 地址数量全球排名第一，我国 IPv6 地址数量全球排名第二。此外，从互联网的接入端口、移动电话基站和光缆线路长度等也可以看出，近年来我国互联网发展迅猛，互联网用户规模快速扩张。

表 2-1 2009—2022 年全国互联网基础资源发展情况

年份	网站数（万个）	域名数（万个）	IPv4 地址数（万个）	IPv6 地址数（块/32）	互联网宽带接入端口（万个）	移动电话基站（万个）	光缆线路长度（万千米）
2009	323	1 681.8	23 244.6	63	13 835.7	111.9	829
2010	191	865.6	27 763.7	401	18 781.1	139.8	996
2011	230	774.8	33 044.0	9 398	23 239.4	175.2	1 211
2012	268	1 341.2	33 053.5	12 535	32 108.4	206.6	1 479
2013	320	1 843.6	33 030.8	16 670	35 945.3	241.0	1 745
2014	335	2 059.6	33 198.2	18 797	40 546.1	350.8	2 061
2015	482	3 101.4	33 652.0	20 595	57 709.4	465.6	2 486
2016	533	4 227.6	33 810.3	23 835	71 276.9	559.4	3 042
2017	544	3 848.1	33 870.5	26 160	77 599.1	618.7	3 780
2018	523	3 792.5	33 892.5	43 985	86 752.3	667.2	4 316
2019	497	5 094.2	33 909.3	50 286	91 578.0	841.0	4 741
2020	443	4 197.8	34 066.8	57 643	94 604.7	931.0	5 169
2021	418	3 593.1	34 388.1	59 030	101 784.7	996.3	5 481
2022	387	3 440.0	34 322.8	62 023	107 104.2	1 083.4	5 958

数据来源：历年《中国统计年鉴》和《第 51 次中国互联网络发展状况统计报告》。

（二）互联网普及率

图 2-1 显示了我国 2009—2022 年互联网和电话普及率的发展情况。可以看出，在样本期内，我国互联网普及率由 2009 年的 28.9% 上升到 2022 年的 75.6%，增加了 46.7 个百分点，在 2015 年我国互联网普及率首次超过 50%。2009—2022 年我国电话普及率由 79.89 部/百人上升到 131.95 部/百人，其中移动电话普及率由 56.27 部/百人上升到 119.25 部/百人，而固定电话普及率从 23.62 部/百人减少到 12.71 部/百人。由此可见，电话普及率和移动电话普及率在样本期内总体呈上升趋势，并且分别在 2012 年和 2018 年突破了 100 部/百人。我国互联网络信息中心的数据显示，截至 2022 年 12 月，我国网民数量达到 10.67 亿人，较 2021 年底增长了 3 549 万，其中手机网民达到 10.65 亿人，使用手机上网的比例为 99.8%，这表明移动电话的普及为互联网的普及提供了有力保障[①]。

---

① 数据来源于《第 51 次中国互联网络发展状况统计报告》。

图 2-1 2009—2022 年我国互联网和电话普及率

数据来源：EPS 宏观经济数据库。

二、农村互联网发展现状

（一）农村网民规模与互联网普及率

近年来，随着数字乡村建设的不断推进，目前已基本实现了"农村宽带进乡入村"。到 2022 年，我国行政村通光纤和 4G 网络覆盖的比例已超过 99%。由图 2-2 可知，截至 2022 年，我国网民总规模有 11.03 亿人，其中城镇网民规模为 7.95 亿人，占 72.08%，农村网民规模为 3.08 亿人，占总网民规模的 27.92%。从时间上来看，2009—2022 年，我国农村网民规模呈不断扩大的趋

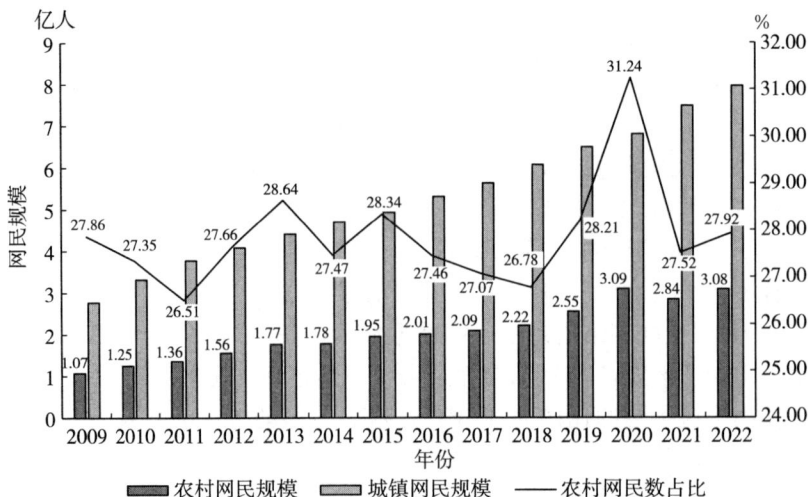

图 2-2 2009—2022 年农村与城镇网民规模

数据来源：《中国电子商务报告》《中国互联网络发展状况统计报告》。

势，由 2009 年的 1.07 亿人上升到 2022 年的 3.08 亿人，增加了 2.01 亿人；同期，城镇网民规模由 2.77 亿人扩大到 7.95 亿人，增加了 5.18 亿人。从农村网民数的占比来看，2009—2022 年呈不断波动趋势，除 2020 年外均没有超过 30%。总体而言，城镇地区网民规模高于农村地区，并呈逐年扩大的趋势，这可能是由于随着城镇化率的稳步提高，导致农村人口向城镇转移，以及整体网民规模增幅逐年收窄，使农村非网民转化难度加大。因此，需要进一步的政策和市场激励，不断完善农村数字基础设施建设，以推动农村网民规模增长。

图 2-3 展示的是 2009—2022 年我国城乡互联网普及率。由图 2-3 可知，农村地区和城镇地区的互联网普及率在 2009—2022 年都呈现逐年稳步上升的态势。具体而言，在城镇地区，互联网普及率由 2009 年的 43% 上升到 2022 年的 83.1%，增加了 40.1 个百分点；农村地区的互联网普及率由 2009 年的 15.5% 上升到 2022 年的 61.9%，增加了 46.4 个百分点。可以看出，城乡之间的互联网普及率仍存在较大的差距，但二者差距有缩小的趋势。2009 年城乡互联网普及率差距为 27.5 个百分点，2010 年差距上升到 31 个百分点，在 2018 年差异达到了最大值（36.2 个百分点）。2010—2019 年城乡互联网普及率差异一直保持在 30 个百分点以上，2019 年下降到 30.3 个百分点，但仍高于 2009 年的值。2019—2022 年，城乡互联网普及率差距逐步缩小。其原因在于：一方面，我国大力推进城镇化发展，包括信息设备在内的各种基础设施建设在农村地区较为薄弱，这在一定程度上影响了农村互联网普及工作的推进；另一方面，随着数字乡村战略和乡村全面振兴的深入推进，农村数字基础设施建设逐步完善，农村互联网普及效果得以凸显。

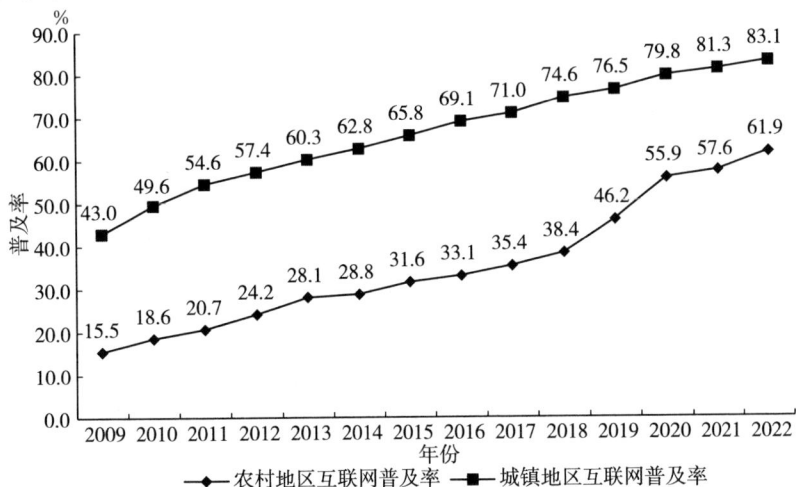

图 2-3 2009—2022 年城乡互联网普及率

数据来源：《中国互联网络发展状况统计报告》。

（二）农村居民上网行为

《农村互联网发展状况研究报告》数据显示，2015 年[①]，农村网络支付用户规模为 9 320 万人，年增长率为 48.5%；城镇地区网络支付用户规模为 3.23 亿人，年增长率为 33.7%。《中国互联网络发展状况统计报告》数据显示，2022 年，我国网络支付用户规模达到 9.11 亿人，占网民整体的 85.4%。图 2-4 展示了 2015 年城乡互联网络设备接入比例。从图 2-4 可以看出，无论何种设备接入互联网，城镇居民的接入比例均高于农村居民。具体来看，在各种互联网接入设备中，城乡网民使用手机上网的比例最高，城镇网民为 91.2%，高出农村网民 4.1 个百分点，其次是使用台式或笔记本电脑上网。在 2015 年，农村网民使用笔记本电脑上网的比例与城镇网民差距最大，低于城镇网民 18.3 个百分点，其次是使用平板电脑上网，低于城镇网民 16.2 个百分点。此外，农村网民中使用手机上网的规模由 2012 年的 1.17 亿人增加到 2015 年的 1.70 亿人，增加了 0.53 亿人；城镇网民中使用手机上网的规模由 2012 年的 2.94 亿人增加到 2015 年的 4.49 亿人，增加了 1.55 亿人。从上网地点来看，城乡网民在家里上网的比例最高，分别为 90.1% 和 91.0%[②]。

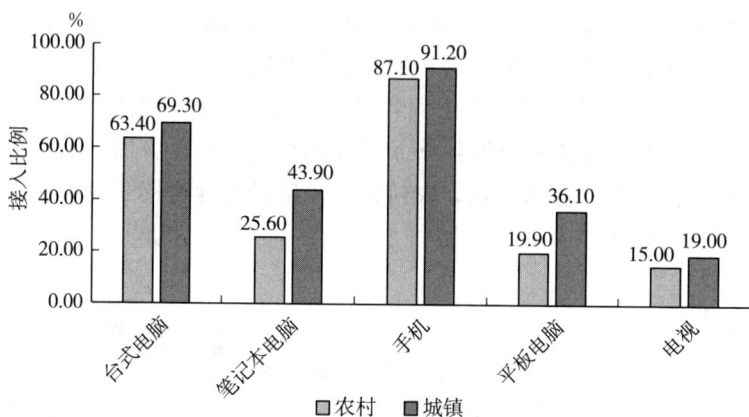

图 2-4　2015 年城乡互联网络设备接入比例

数据来源：2015 年《农村互联网发展状况研究报告》。

表 2-2 为 2012—2015 年农村居民上网设备使用情况。从表 2-2 中可以看出，农村居民上网的主要设备为手机，其次是台式电脑。2012 年，农村居民主要用手机和电脑上网，之后又逐渐用平板电脑和电视接入互联网。2015 年，有 87.1% 的农村居民使用手机上网，使用台式电脑的有 63.4%，使用笔

---

① 由于缺乏近几年农村居民网络使用的数据，仅以 2015 的数据进行分析。

② 数据来源于中国互联网络信息中心（CNNIC）2015 年农村互联网发展状况研究报告。

记本电脑的有 25.6％，使用平板电脑和电视上网的农村居民所占比例较小。在 2012—2015 年，农村居民使用手机上网的比例增长最快，使用电脑上网的比例变化不大，使用电视和平板电脑上网是近几年才兴起的。

表 2－2　农村居民上网设备使用比例

单位：％

时间	台式电脑	笔记本电脑	手机	平板电脑	电视
2012	66.7	32.9	75.3		
2013	60.2	25.9	84.6	22.0	
2014	66.6	31.0	81.9	25.4	13.2
2015	63.4	25.6	87.1	19.9	15.0

数据来源：历年《农村互联网发展状况研究报告》。

第二节　农村互联网发展水平的测度与分析

一、评价指标体系的构建

（一）构建的理论依据与原则

本节内容的主要目的在于构建我国农村互联网发展水平的综合评价指标体系，并进行测度分析，为后文实证检验农村互联网发展对农村居民消费的影响效应作铺垫。考虑到实证检验的需要以及数据的可获得性，本书遵照以下三个原则构建农村互联网发展水平的评价指标。第一，科学性。科学性是指对农村互联网发展水平的评价要真实客观，能够真正反映目前我国农村互联网发展的现状。本书关于农村互联网发展水平的指标构建是在参考已有研究成果，以及《中国互联网络发展状况统计报告》[①] 关于互联网发展的相关介绍，再结合本研究需要，构建的一套科学合理的评价指标体系。第二，系统性。系统性是指构建的互联网发展评价指标体系要具备全面性，不仅要包括互联网发展所需的基础资源，还应包括互联网的应用和其外部发展环境，如互联网的普及率和国家对软件行业的投资情况等。因此，本书从互联网基础资源、互联网应用和互联网发展环境三个维度对农村互联网发展水平进行综合测度，以体现出系统性和全面性。第三，可行性。可行性主要是指本书数据的可获得性和评价指标可量化。选取的评价指标要易于量化，统计口径要一致，统计误差要小，使测算结果更具代表性。

---

① 后文简称为《互联网发展报告》。

（二）评价指标体系的构建

关于互联网发展水平的评价和测算方法主要有两种：一是采用如互联网普及率[①]等单一指标来衡量；二是构建多维指标体系，采用统计方法进行综合测度[②]，部分具有代表性的文献如表2-3所示。

表2-3　有关互联网综合发展水平的测度文献

文献来源	一级指标	二级指标	测算方法
俞立平（2005）	互联网基础设施	每平方千米光纤长度	层次分析法
		每万人网民拥有量	
	互联网普及	每万人域名拥有量	
		每百户拥有电脑数	
		每万人网站拥有量	
	互联网应用	常用数据库网站比例	
		电子支付额	
		电子商务交易额	
尹楠（2015）		网民总数量	因子分析法
		网民增长速度	
		网站数量、域名数量	
		IPv4地址数比例、页面平均大小	
韩剑（2018）		每百人移动电话用户数	几何加权平均法
		每百人互联网用户数	
		每百人固定宽带用户数	
李佳玉（2018）	互联网基础资源	长途光缆长度	主成分分析法
		CN域名数量	
		网站数量	
	互联网使用情况	互联网宽带接入端口	
		移动电话普及率	
		互联网普及率	
		网民数量	
	互联网应用环境	每十万人高校在校生数	
		人均GDP	
		居民人均消费水平	

---

① 这是由于数据的可获得性导致的，早期由于互联网的统计数据不完备，很难获得其他衡量互联网发展水平的指标。

② 文献回顾部分已详细说明，此处不再赘述。

（续）

文献来源	一级指标	二级指标	测算方法
李旭洋（2020）	互联网基础资源	网站数量	熵值法
		CN 域名数	
		长途光缆长度	
	互联网普及率	互联网普及率	
		电话普及率	
		人均 GDP	
	互联网发展环境	信息传输、计算机服务和软件业就业人员比例	
		信息传输、计算机服务和软件业基础设施投资比例	

综合以上有关互联网发展水平的研究可知，一般来说，评价一个地区的互联网发展水平主要是从三个维度构建指标体系：一是互联网发展的基础设施，主要包括长途光缆长度、网站数量、域名数等。互联网基础设施是互联网发展的先行条件，只有构建完整的互联网基础设施资源才能更好地提高互联网普及率。二是互联网应用与普及程度，主要包括互联网普及率和电话普及率、网民数量等。三是互联网发展环境，即互联网发展要具有良好的经济发展环境，主要以人均 GDP、软件业投资占比以及电子商务交易额等来衡量。

目前，鲜有文献关注农村互联网的发展情况。已有的少数文献主要是从数字乡村和农业信息化两个角度构建评价指标体系。如韩海彬等（2015）采用熵值法，从农村居民家庭每百户拥有的电话、黑白电视、彩色电视数量，以及农村投递路线来衡量农村的信息化水平。李晓钟（2017）从硬件设施、服务设施和信息化主体三个方面测度了农业信息化就绪度。其中，硬件设施方面主要包括农村居民拥有的移动电话、电脑和彩色电视机数量；服务设施方面主要包括已通邮行政村比例、农村宽带接入用户数量等；信息化主体方面包括农村居民人均纯收入、农村劳动力学历等。张泓（2020）从数字乡村发展的宏观环境、基础设施、信息环境、政务环境以及应用环境五个方面测度了我国数字乡村发展的就绪度。

本书借鉴已有学者对互联网发展水平评价指标体系的研究成果和有关数字乡村、农业信息化就绪度的测度研究，从互联网基础设施、互联网应用与普及程度、互联网发展环境三个维度，共 6 个指标构建我国各省份农村互联网发展水平的评价指标体系（表 2-4）。第一，互联网基础设施，主要是指互联网发展所需的基础建设。长期以来，互联网发展的基础设施建设受到政府的高度重视和支持，已取得了显著的成效。限于数据的可获得性，本书借鉴李晓钟（2017）等的研究，选取已通邮行政村比例和农村互联网宽带接入用户数来反映我国农村互联网发展的基础设施情况。第二，互联网应用与普及程度，主要是从农村居民每百户移动电话数量和电脑数量两个方面来衡量。第三，互联网发展环境。借鉴张鸿等（2020）关于数字乡村的测度研究，以农村用电量和农村投递路线长度来表征农村互联网发展的外部环境。

表 2-4　农村互联网发展水平评价指标体系构建

变量	一级指标	二级指标	计量单位	指标来源
农村互联网发展水平	互联网基础设施	已通邮行政村比例	％	李晓钟（2017）
		农村互联网宽带接入用户	万户	
	互联网应用与普及程度	移动电话数量	部/百户	
		电脑数量	部/百户	
	互联网发展环境	农村用电量	亿千瓦时	张鸿（2020）
		农村投递路线长度	千米	穆燕（2016）

二、农村互联网发展水平测算

（一）农村互联网发展水平的测算方法选择

根据前文分析可知，有关互联网发展水平综合指数的测度方法一般有主成分分析法、层次分析法、因子分析法以及熵值法等。其中熵值法是一种客观的赋权方法，通过计算指标的信息熵，根据指标的相对变化程度对系统整体的影响决定指标权重，因而其结果不会受到人们主观评价的影响。本书借鉴已有学者的研究，采用熵值法对我国农村互联网发展水平进行测度。

运用熵值法计算互联网发展水平主要包括以下 6 个步骤。

第一，对数据进行标准化处理，消除数据因量纲不同而对评价结果产生的影响。具体公式为：

$$X'_{ij} = \frac{X_{ij} - X_{\min}}{X_{\max} - X_{\min}} \tag{2-1}$$

$$X'_{ij} = \frac{X_{\max} - X_{ij}}{X_{\max} - X_{\min}} \tag{2-2}$$

其中，X_{ij} 为第 i 行的第 j 项指标值，$X_{\max}$ 为第 j 项指标的最大值，$X_{\min}$ 为第 j 项指标的最小值，X'_{ij} 为标准化值，取值范围为 0～1。式（2-1）为正向指标公式，式（2-2）为逆向指标公式。

第二，计算第 j 项指标下第 i 个地区的比重 Y_{ij}。具体公式为：

$$Y_{ij} = \frac{X'_{ij}}{\sum\limits_{i=1}^{m} X'_{ij}} \quad (0 \leqslant Y_{ij} \leqslant 1) \tag{2-3}$$

根据以上公式可以建立数据的比重矩阵 $Y = \{Y_{ij}\} m \times n$，在本书中，$m=31$，$n=6$。

第三，计算指标信息熵和信息效用值。具体公式为：

$$e_j = -K \sum\limits_{i=1}^{m} Y_{ij} \times \ln Y_{ij} \tag{2-4}$$

$$d_j = 1 - e_j \tag{2-5}$$

式（2-4）为信息熵值，其中，K 为常数，$K=1/\ln m$；式（2-5）为信息效用值，信息效用值直接影响权重的大小，其值越大，对评价的重要性就越大，权重也就越大。

第四，计算评价指标的权重。计算公式为：

$$W_j = \frac{d_j}{\sum\limits_{j=1}^{m} d_j} \tag{2-6}$$

第五，计算各省份的综合评价值。公式为：

$$U = \sum\limits_{j=1}^{n} W_j X'_{ij} \tag{2-7}$$

其中，U 为农村互联网发展水平综合指数。

（二）农村互联网发展水平测算结果分析

根据前文构建的农村互联网发展水平评价指标体系，本节选取了2009—2021年我国31个省（自治区、直辖市）的相关数据，运用熵值法进行测度，得到了我国各省份的农村互联网发展水平指数，结果如表2-5所示。

表 2-5　2009—2021 年各省份农村互联网发展水平综合指数

省份	2009 年	2012 年	2015 年	2018 年	2021 年
北京	0.270 4	0.297 6	0.313 9	0.334 5	0.356 0
天津	0.223 9	0.265 7	0.302 7	0.309 8	0.349 6
河北	0.273 3	0.327 1	0.353 3	0.372 5	0.407 7
山西	0.223 5	0.271 4	0.299 2	0.317 4	0.352 4
内蒙古	0.213 3	0.266 3	0.304 0	0.331 3	0.369 4
辽宁	0.259 9	0.314 3	0.338 6	0.347 1	0.380 3
吉林	0.224 5	0.278 6	0.301 9	0.316 4	0.335 4
黑龙江	0.239 3	0.284 9	0.307 8	0.326 5	0.357 0
上海	0.291 0	0.308 5	0.346 8	0.376 8	0.406 1

（续）

省份	2009 年	2012 年	2015 年	2018 年	2021 年
江苏	0.330 0	0.381 6	0.403 8	0.423 7	0.456 2
浙江	0.342 2	0.375 5	0.402 8	0.426 3	0.455 1
安徽	0.237 4	0.283 1	0.322 5	0.348 8	0.385 6
福建	0.279 7	0.320 5	0.347 1	0.369 3	0.401 0
江西	0.228 2	0.279 1	0.309 4	0.332 6	0.368 9
山东	0.298 3	0.343 1	0.368 6	0.386 2	0.418 4
河南	0.259 5	0.313 2	0.342 4	0.362 8	0.399 0
湖北	0.253 0	0.301 4	0.336 5	0.357 5	0.395 0
湖南	0.240 4	0.293 8	0.328 9	0.353 1	0.391 8
广东	0.323 5	0.362 5	0.383 0	0.405 6	0.433 4
广西	0.209 2	0.258 2	0.297 9	0.326 1	0.368 4
海南	0.147 5	0.207 9	0.247 0	0.271 6	0.319 0
重庆	0.200 6	0.259 1	0.287 1	0.312 0	0.349 2
四川	0.242 6	0.289 6	0.324 2	0.356 4	0.392 5
贵州	0.158 3	0.215 6	0.263 9	0.305 9	0.352 0
云南	0.198 3	0.254 3	0.290 0	0.318 9	0.359 4
西藏	0.085 9	0.145 1	0.184 0	0.233 8	0.284 9
陕西	0.216 3	0.272 9	0.300 2	0.324 2	0.360 4
甘肃	0.181 5	0.231 9	0.274 0	0.296 7	0.337 9
青海	0.093 1	0.137 9	0.216 0	0.157 4	0.260 8
宁夏	0.138 8	0.181 3	0.214 2	0.241 9	0.273 5
新疆	0.186 0	0.245 8	0.279 4	0.307 2	0.348 2

数据来源：根据测算数据整理而得。

1. 时间维度测算结果分析

从时间维度来看（表 2-6），我国农村互联网发展水平整体上呈现上升趋势，由 2009 年的 0.228 0 上升到 2022 年的 0.379 2，这也是政府重视农业信息化发展，大力推进数字乡村建设的成果。数据显示，在样本期内（2009—2022 年），我国农村互联网发展水平呈现逐年递增的趋势。其中，农村互联网基础资源不断完善，互联网应用持续扩大，互联网发展环境整体上呈现逐步优化的态势。

从三个维度指数的变化来看，农村互联网基础资源指数、互联网应用指数和互联网发展环境指数在样本期内均表现出稳步上升的趋势。具体来看，农村互联网基础资源指数从 2009 年的 0.088 3 持续上升到了 2022 年的 0.437 7，增长了 0.349 4。这说明互联网基础设施建设对于提高我国农村互联网发展水平具有重要作用。其次，互联网应用指数从 2009 年的 0.130 1 持续上升到 2022 年的 0.486 0，增长了 0.355 9。互联网发展环境指数从 2009 年的 0.230 5 上升到 2022 年的 0.376 6，增长了 0.146 1。从数值来看，在 2009 年，农村互联网发展环境指数位于第一位，互联网基础资源指数位于第三位，说明此时互联网发展环境在互联网发展中扮演着重要角色；2014 年互联网应用指数超过了互联网发展环境指数，并一直位居第一（图 2-5），这说明互联网的普及与应用成为推动我国农村互联网发展的关键因素。

表 2-6　2009—2022 年农村互联网发展水平及其构成

年份	农村互联网发展水平综合指数	维度指数		
		互联网基础资源	互联网应用	互联网发展环境
2009	0.228 0	0.088 3	0.130 1	0.230 5
2010	0.243 9	0.122 7	0.165 3	0.245 2
2011	0.264 3	0.156 9	0.247 8	0.258 0
2012	0.276 3	0.191 6	0.266 8	0.269 9
2013	0.290 3	0.221 2	0.289 6	0.298 6
2014	0.300 3	0.227 7	0.312 7	0.308 4
2015	0.309 4	0.236 0	0.333 0	0.311 9
2016	0.317 6	0.293 0	0.361 9	0.317 9
2017	0.325 3	0.309 5	0.376 5	0.326 4
2018	0.330 7	0.335 4	0.364 4	0.326 0
2019	0.339 8	0.353 0	0.377 1	0.332 4
2020	0.357 8	0.385 9	0.437 8	0.355 8
2021	0.368 5	0.411 8	0.461 9	0.366 2
2022	0.379 2	0.437 7	0.486 0	0.376 6

数据来源：根据测算数据整理而得。

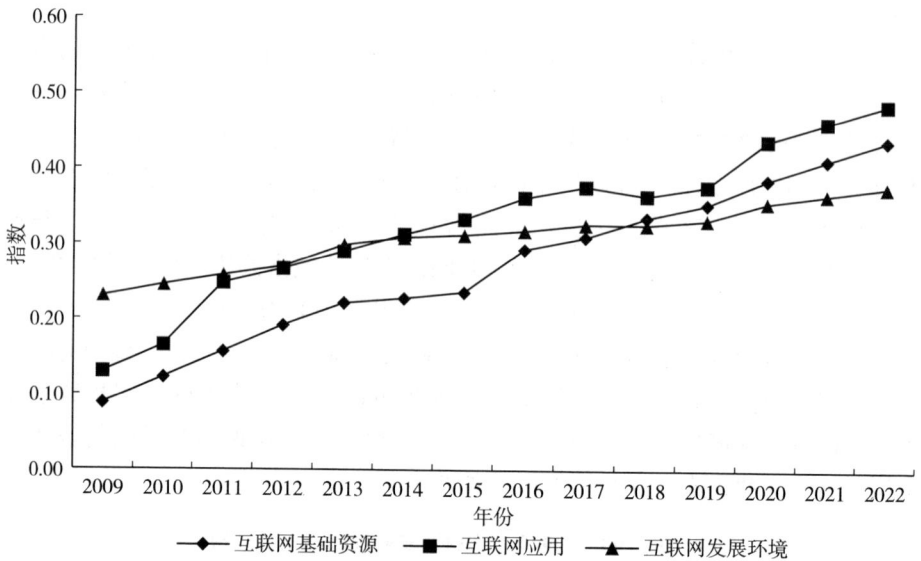

图 2-5　2009—2022 年农村互联网发展水平三个维度的变化情况

2. 空间维度的测算结果分析

从各省份来看（图 2-6），在 2009—2022 年，浙江省的农村互联网发展水平综合指数的均值最高，为 0.406 1，其次是江苏省 0.404 9，略低于浙江省，之后便是广东、山东、河北等东部省份。上海市和福建省分别位于第 6 位和第 7 位，其在样本期内的农村互联网发展水平综合指数均值分别为 0.351 5 和 0.348 9。样本期内农村互联网发展水平综合指数均值排名最后 3 位的省份分别为宁夏回族自治区、西藏自治区以及青海省①。可以看出，农村互联网发展水平综合指数均值较高的省份位于经济发达的东部地区，而农村互联网发展水平综合指数均值较低的省份往往位于欠发达的西部地区。这表明各省份之间的农村互联网发展水平存在较大的差距，在空间分布上呈现不均衡的态势，总体上表现出东部强、中西部相对落后的局面。

---

①　北京大学新农村发展研究院公布的县域数字乡村指数研究报告（2018）显示，县域数字乡村发展水平总体上呈现出东部高、西部低的分布格局。从基于县域排名的省域分布来看，排第一位的为浙江省，其后是河南、江苏、福建、河北等省份。本书的省域农村互联网发展水平指数与报告中省域数字乡村发展水平指数具有高度一致性，这也表明本研究测度的省域农村互联网发展水平具有一定可靠性和可信度。

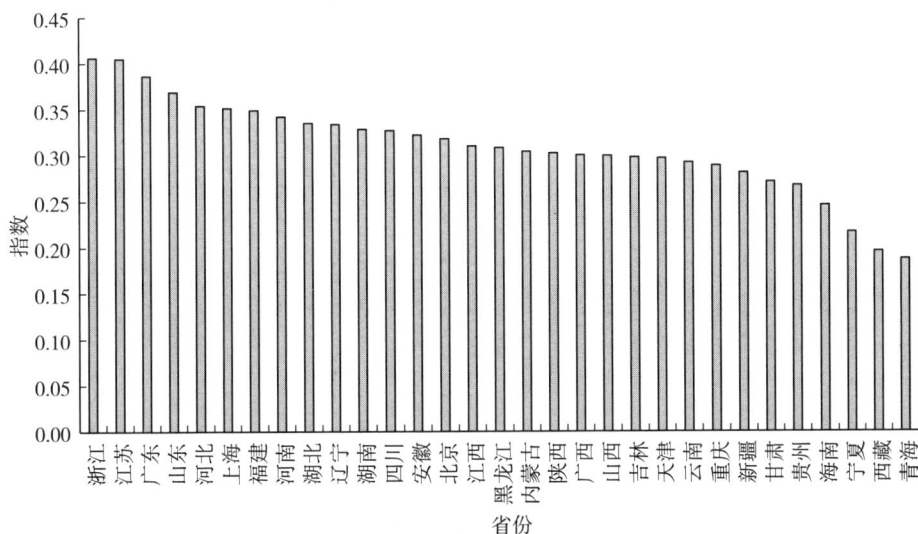

图 2-6　2009—2022 年我国 31 个省（自治区、直辖市）农村互联网发展水平指数均值

进一步将我国分为东、中、西三大区域①，各区域的农村互联网发展水平、互联网普及指数和发展环境指数的均值如表 2-7 所示。可以看出，东、中、西部地区农村互联网发展水平指数分别为 0.346 8、0.317 8 和 0.269 4。其中，东部地区的农村互联网发展水平最高，中部地区次之，西部地区最低。这也反映出我国区域间互联网发展的不平衡。从互联网应用指数来看，东部地区为 0.444 1，中部和西部地区分别为 0.257 4 和 0.171 6，说明互联网应用在东部农村地区更为广泛，中部地区次之，西部地区最差，这可能是由于东部地区人口密集，经济较为发达，对互联网的接纳程度更高。从互联网发展环境指数来看，东部地区为 0.570 1，中部地区为 0.178 9，西部地区为 0.109 9，表明在东部地区，农村互联网发展的外部环境也领先于中西部地区。对于互联网基础资源而言，中西部地区与东部地区也存在较大的差距。

表 2-7　2009—2022 年我国三大区域农村互联网发展各项指数的均值

区域	互联网发展水平	互联网基础资源	互联网应用	互联网发展环境
东部	0.346 8	0.445 1	0.444 1	0.570 1
中部	0.317 8	0.258 0	0.257 4	0.178 9
西部	0.269 4	0.170 1	0.171 6	0.109 9

① 东部地区包括：河北、山东、北京、天津、辽宁、江苏、浙江、上海、广东、福建、海南。中部地区包括：湖北、湖南、吉林、黑龙江、山西、江西、河南、安徽。西部地区包括：贵州、云南、重庆、四川、陕西、宁夏、甘肃、青海、新疆、西藏、内蒙古、广西。

图 2-7 更加直观地显示了我国东、中、西部地区 2009—2022 年农村互联网发展水平指数的变化情况。从图中可以看出，东、中、西部地区的农村互联网发展水平在样本期内均呈上升的趋势。具体来看，东部地区农村互联网发展水平指数从 2009 年的 0.276 3 持续上升到 2022 年的 0.407 8；中部地区农村互联网发展指数在 2009 年为 0.238 2，到 2022 年上升到 0.383 1；西部地区的农村互联网发展水平指数在样本期内由 0.177 0 上升到 0.350 5。这表明我国农村互联网发展水平呈现出区域发展不平衡的态势，也反映出我国区域间社会经济发展的不均衡性。同时也表明，近年来我国农村互联网得到了较快的发展，这也是我国大力推动乡村振兴战略以及数字乡村战略的结果。

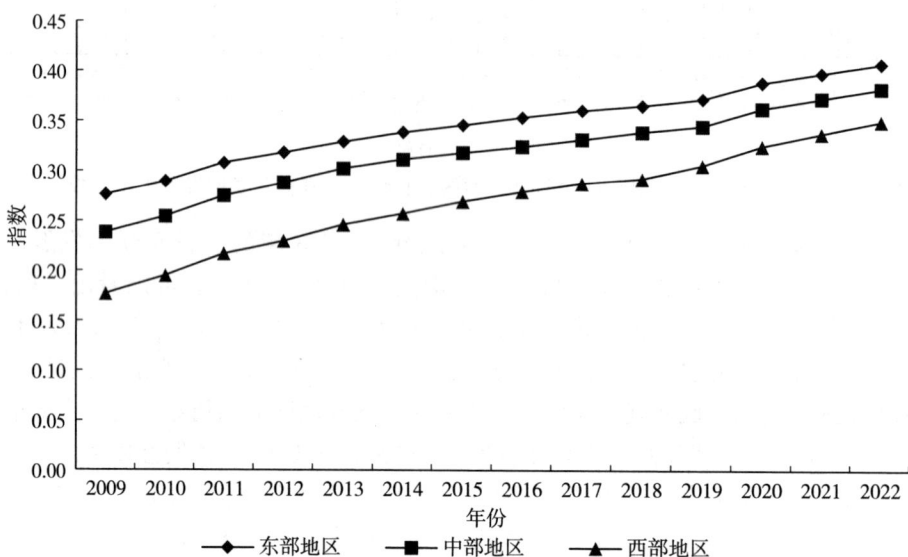

图 2-7 2009—2022 年三大区域农村互联网发展水平指数

第三节 农村居民消费现状

一、农村居民消费水平演变

（一）农村居民总体消费水平变化

图 2-8 显示了 2000—2022 年我国农村居民人均可支配收入与人均消费支出的变化情况。从图 2-8 中可以看出，农村居民人均可支配收入与人均消费支出在样本期间内均呈稳步上涨的趋势。具体来看，农村居民人均可支配收入从 2000 年的 2 253.42 元增加到 2022 年的 20 132.8 元，增加了 17 879.38 元；农村居民人均消费支出从 2000 年的 1 670.13 元增加到 2022 年的 16 632.1 元，增加了 14 961.97 元。这说明我国经济持续增长，使农村居民收入有了较大提

高，同时农村居民生活水平也得到了大幅度的改善。2000—2014 年，农村居民人均消费支出较为缓慢，2014 年之后，农村居民人均消费支出增长较快，这可能是由于农村电商和互联网经济的发展促进了消费的增长。

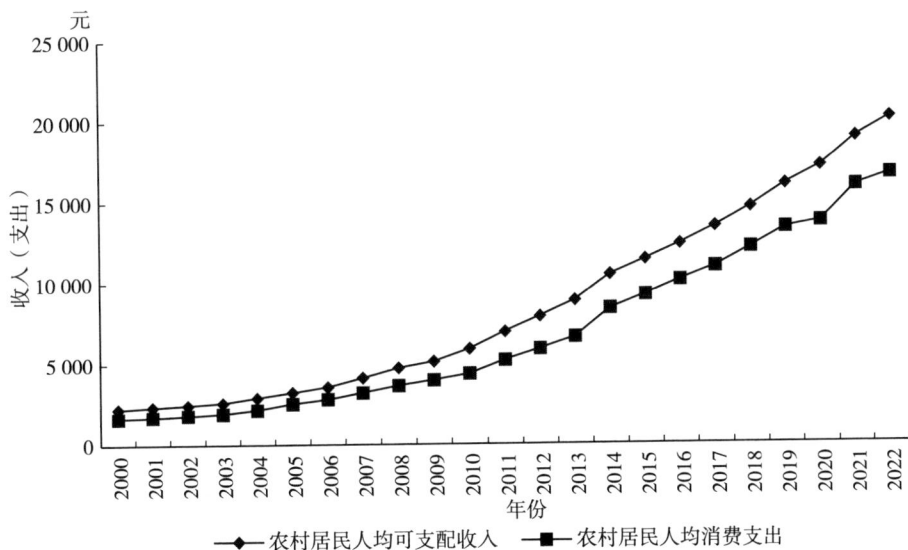

图 2-8　2000—2022 年农村居民人均可支配收入与人均消费支出变化情况

数据来源：历年《中国统计年鉴》。

（二）农村居民平均消费倾向变化

凯恩斯在研究有效需求时提出了消费倾向的概念。居民消费倾向可分为平均消费倾向和边际消费倾向。平均消费倾向是指居民消费支出占收入的比例，边际消费倾向是指收入增加一单位用于消费的比例。图 2-9 展示了 2000—2022 年城乡居民平均消费倾向的变化情况。如图 2-9 所示，在样本期间内，我国城镇居民平均消费倾向呈现总体下降的态势，而农村居民平均消费倾向呈现波动上涨的趋势。具体来看，在 2005 年之前，城镇居民的平均消费倾向大于农村居民，而在 2005 年之后则是农村居民平均消费倾向大于城镇居民，二者呈现出反向变化的趋势。2000—2022 年农村居民平均消费倾向出现了两次明显的提升，分别在 2005 年和 2014 年前后，这可能是由于 2005 年提出取消农业税后，减轻了农村居民的负担，从而有利于扩大消费；而之后的一次提高则可能与国家鼓励农村电商发展和网络消费快速发展有关。近年来，随着农村信息基础设施建设不断完善，我国农村电商发展迅猛，极大促进了农村网络消费的增长，进而提高了农村居民的平均消费倾向。一方面，农村电商的发展离不开政府的支持，近年来，我国出台多项政策措施鼓励农村电商的发展。如 2015 年国务院办公厅发布的《关于促进农村电子商务加快发展的指导意见》

指出，要推动农村电商与农村一二三产业的深度融合，中央1号文件中也提出要从电子商务进农村和涉农电商平台建设等多个方面部署。另一方面，农村电商下乡的发展速度加快。如到2015年底，阿里巴巴已在全国20个县建设了1万个农村淘宝服务站。

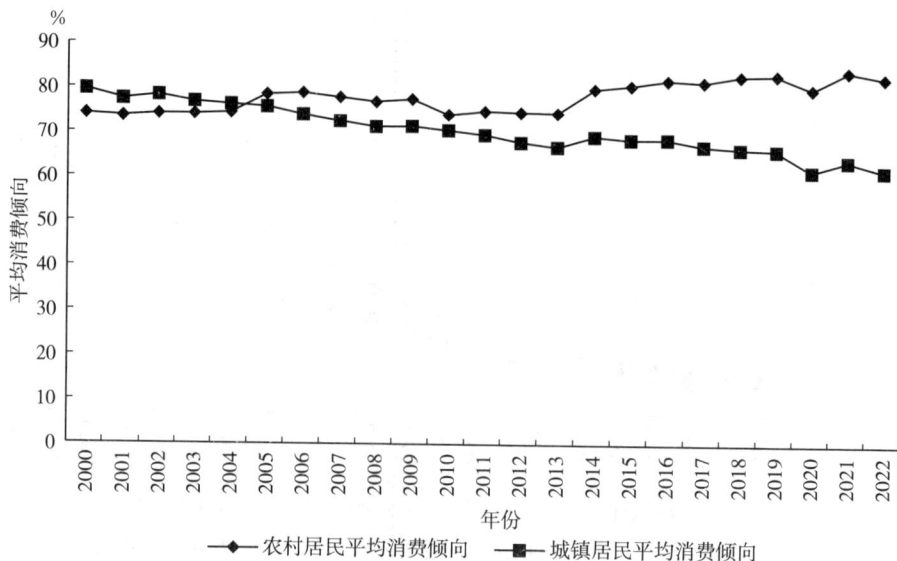

图2-9　2000—2022年城乡居民平均消费倾向变化情况

（三）农村居民消费率

居民消费率是指消费需求占国内生产总值的比重，它能够反映消费对经济增长的拉动作用，而居民消费一般占最终消费的80%以上，因此居民消费的高低往往也决定了最终消费率的高低。图2-10显示了2000—2022年我国城乡居民消费率的变化情况。可以看出，在样本期间内，我国居民消费率变化呈现出三个明显的阶段：2000—2008年，居民消费率由46.74%下降到35.29%；2009—2013年居民消费率始终保持在35%左右；2014年之后出现了缓慢的上涨，到2022年居民消费率达到了37.01%。从城乡居民消费率来看，城镇居民消费率由2000年的87.79%下降到2022年的44.68%，下降了43.11个百分点；农村居民消费率由2000年的24.14%下降到2022年的22.79%，降低了1.35个百分点。城镇居民消费率在样本期间内始终处于下降的趋势，而农村居民消费率在2010年之后出现缓慢上涨。由此可见，近年来居民消费率上涨的主要原因在于农村居民消费率的增长。虽然农村居民消费有所上涨，但仍然低于城镇居民消费率和全国居民消费率。与其他发达国家和发展中国家相比，我国最终消费对GDP增长的贡献率较低，这也是由于我国居民消费率较低导致我国最终消费率偏低，而农村居民消费水平低是影响我国居民消费率偏低的重要原因。

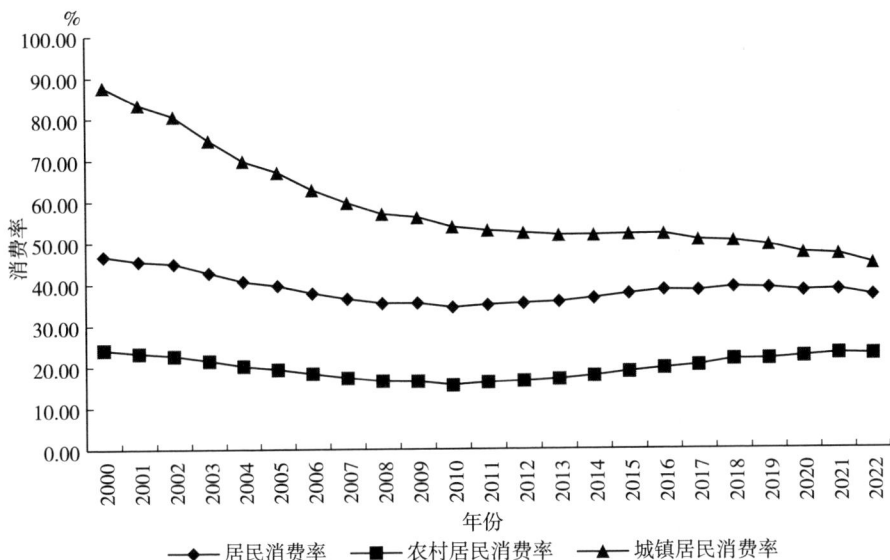

图 2-10　2000—2022 年城乡居民消费率

（四）农村网络消费发展趋势

图 2-11 展示了 2009—2015 年农村与城镇网民网络购物情况。可以看出，2009—2015 年，农村与城镇网民网络购物用户规模均呈现稳步上升的态势。具体来看，农村网民网络购物用户规模由 2009 年的 1 880 万人增加到 2015 年的 9 239 万人，增长了 7 359 万人；城镇网民网络购物用户规模由 2009 年的

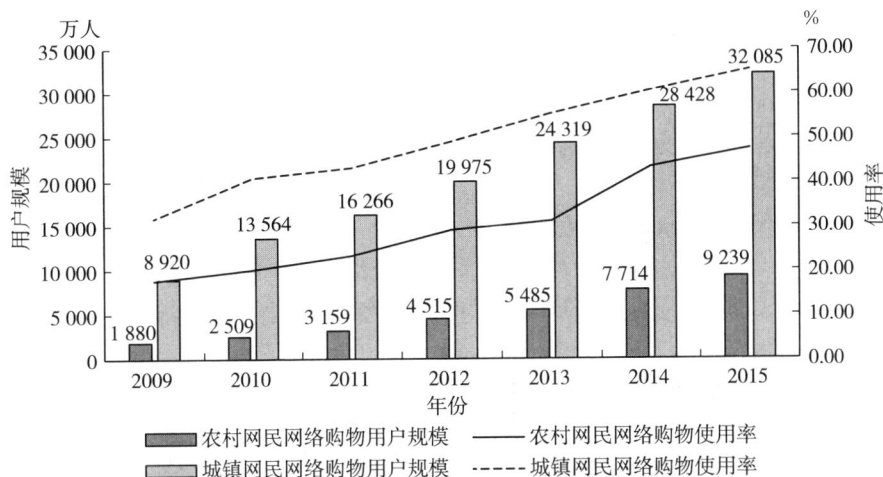

图 2-11　农村与城镇网民网络购物使用情况

资料来源：《农村互联网发展状况研究报告》（2010—2015 年）。

8 920万人增加到2015年的3.21亿人,增长了2.32亿人。虽然农村地区的网络购物市场保持稳健的增长,但与城镇地区相比,差距依然十分明显。同期,农村网民网络购物使用率由17.6%上升到47.3%,增加了29.7个百分点;城镇网民网络购物使用率由31.7%上升到65.1%,增加了33.4个百分点。这表明在网民规模增速放缓的背景下,城乡网络消费的发展依然呈增长态势。

国家统计局数据显示,我国电商交易规模持续扩大。2022年全国电商交易总额达43.83万亿元,比上年增长3.5%;全国网上零售额达13.79万亿元,比上年增长4.0%。图2-12显示了2014—2022年农村网络零售额情况。由图2-12可知,2014—2017年我国农村电商经历了爆发式的增长,2017年农村网络零售额首次突破万亿元大关,达到1.24万亿元,这与国家政策的推动有关。2017—2022年,农村网络零售额依然呈现稳步增长的态势,但增速逐渐放缓。2022年农村网络零售额达到2.17万亿元,同比增长3.6%。可以预期,随着互联网的普及与数字经济的发展,网络消费对经济社会的发展将发挥越来重要的作用。

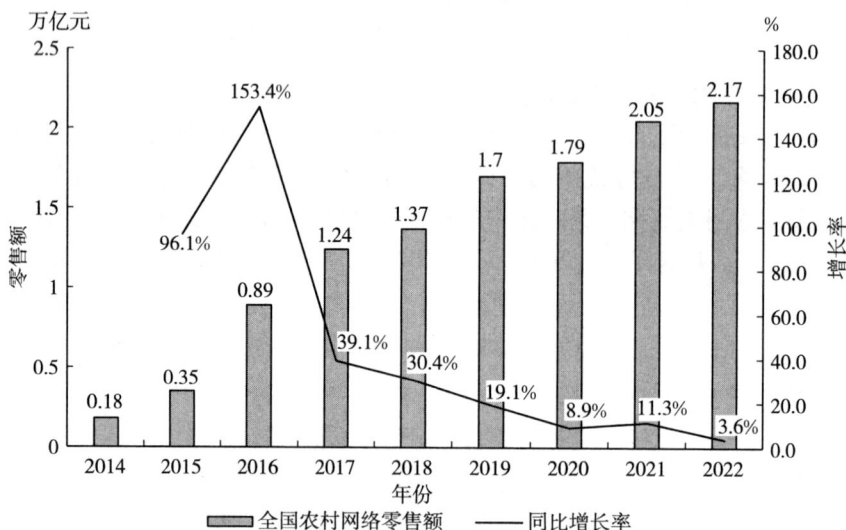

图2-12 2014—2022年农村网络零售额

资料来源:《中国电子商务报告》。

二、农村居民消费结构的变化情况

1992年之后,城乡居民消费结构统一划分为八大类:食品烟酒、衣着、居住、生活用品及服务、交通通信、教育文化娱乐、医疗保健、其他用品及服务。按照居民消费的需求层次划分可以分为生存型消费、发展型消费和享受型消费三种。

表2-8展示了2000—2022年农村居民各项消费支出的占比情况。总体来看，2000—2022年，农村居民消费仍以食品消费为主，但其所占的比例持续下降；衣着消费和生活用品及服务消费所占比例变化不大；居住、交通通信、教育文化娱乐和医疗保健消费支出均有所提高。2022年，农村居民食品消费支出依然占据主要地位，占消费总支出的32.98%，其次是居住消费支出，占21.06%，再次为交通通信、教育文化娱乐和医疗保健消费支出，分别占13.41%、10.12%和9.82%。下面将根据消费需求层次的划分，将农村消费支出分为生存型消费、发展型消费和享受型消费，并进行具体分析。

表2-8 农村居民消费结构变动情况

年份	食品	衣着	居住	生活用品及服务	交通通信	教育文化娱乐	医疗保健	其他用品及服务
2000	49.13	5.75	15.47	4.52	5.58	11.18	5.24	3.14
2001	47.71	5.67	16.03	4.42	6.32	11.06	5.55	3.24
2002	46.25	5.72	16.36	4.38	7.01	11.47	5.67	3.14
2003	45.59	5.67	15.87	4.20	8.36	12.13	5.96	2.21
2004	47.23	5.50	14.84	4.08	8.82	11.33	5.98	2.21
2005	45.48	5.81	14.49	4.36	9.59	11.56	6.58	2.13
2006	43.02	5.94	16.58	4.47	10.21	10.79	6.77	2.23
2007	43.08	6.00	17.80	4.63	10.19	9.48	6.52	2.30
2008	43.67	5.79	18.54	4.75	9.84	8.59	6.72	2.09
2009	40.97	5.82	20.16	5.13	10.09	8.53	7.20	2.11
2010	41.09	6.03	19.06	5.34	10.52	8.37	7.44	2.15
2011	40.36	6.54	18.41	5.92	10.48	7.59	8.37	2.34
2012	39.33	6.71	18.39	5.78	11.05	7.54	8.70	2.50
2013	37.66	6.62	18.62	5.84	12.01	7.33	9.27	2.64
2014	33.57	6.09	21.03	6.04	12.08	10.25	8.99	1.94
2015	33.05	5.97	20.89	5.92	12.61	10.51	9.17	1.89
2016	32.24	5.68	21.20	5.88	13.43	10.57	9.17	1.84
2017	31.18	5.58	21.48	5.79	13.78	10.69	9.66	1.83

（续）

年份	食品	衣着	居住	生活用品及服务	交通通信	教育文化娱乐	医疗保健	其他用品及服务
2018	30.07	5.34	21.94	5.94	13.94	10.74	10.23	1.80
2019	30.00	5.35	21.54	5.73	13.78	11.12	10.66	1.81
2020	32.66	5.20	21.60	5.60	13.42	9.54	10.34	1.64
2021	32.67	5.40	20.83	5.66	13.39	10.34	9.92	1.78
2022	32.98	5.19	21.06	5.61	13.41	10.12	9.82	1.81

数据来源：历年《中国统计年鉴》。

（一）生存型消费支出变化趋势

恩格尔系数是指食品消费支出占总消费支出的份额。恩格尔系数可以衡量一个国家的经济发展水平或家庭的生活水平与质量。一般来说，恩格尔系数越高，国家经济发展水平或家庭的生活水平就越低；反之，恩格尔系数越低，国家经济发展水平或家庭的生活水平和质量就会越好。图 2 - 13 直观地反映了2000—2022 年农村居民生存型消费支出的变化情况。

从恩格尔系数来看，2000—2022 年，农村居民恩格尔系数总体上呈下降趋势。具体来看，农村居民恩格尔系数从 2000 年的 49.13％下降到 2019 年的30.0％，降低了 19.13 个百分点。由于受到新冠疫情和经济下行的影响，2020—2022 年的农村居民恩格尔系数略有上升。

根据联合国利用恩格尔系数对居民生活水平的判定标准①可知，2000—2011 年，我国农村居民生活水平已达到了小康水平，2012 年之后更是进入相对富裕的阶段。这表明我国农村居民的生活水平大幅度提高，生活质量得以改善。

从衣着消费来看，2000—2022 年，农村居民衣着消费支出份额有小幅度的下降，由 2000 年的 5.75％下降到 2022 年的 5.19％，而在 1978 年农村居民衣着消费支出比重为 14％。由此可见，随着我国经济社会的发展，农村居民衣着消费支出比重总体来看是下降的，近年来始终保持在 5％左右，并趋于稳定。这是由于衣着消费属于生存型消费，农村居民在满足基本生存需要后，会转向更高层次的消费。因此，虽然农村居民衣着消费支出的绝对值在逐年增加，但其在消费总支出中的比例却不断下降。

---

① 根据联合国关于恩格尔系数大小所确定的贫富标准可知：当一个国家的恩格尔系数小于 20％时，该国居民生活极其富裕；当恩格尔系数为 20％～30％时，该国居民处于富足状态；当恩格尔系数为 30％～40％时，该国居民生活相对富裕；当恩格尔系数为 40％～50％时，该国居民生活达到了小康水平；当恩格尔系数大于 60％时，该国居民处于贫穷之中。

从居住消费来看，在样本期内总体上呈现出上升趋势，其间略有波动。由 2000 年的 15.47％上升到 2022 年的 21.06％，增加了 5.59 个百分点。这可能是由于随着农村居民生活水平的提高，其对居住条件和居住环境的要求也随之提高。住房修缮或室内装潢等支出增加，更多农村年轻人倾向于在县城买房，导致农村居民居住消费支出比例较高。

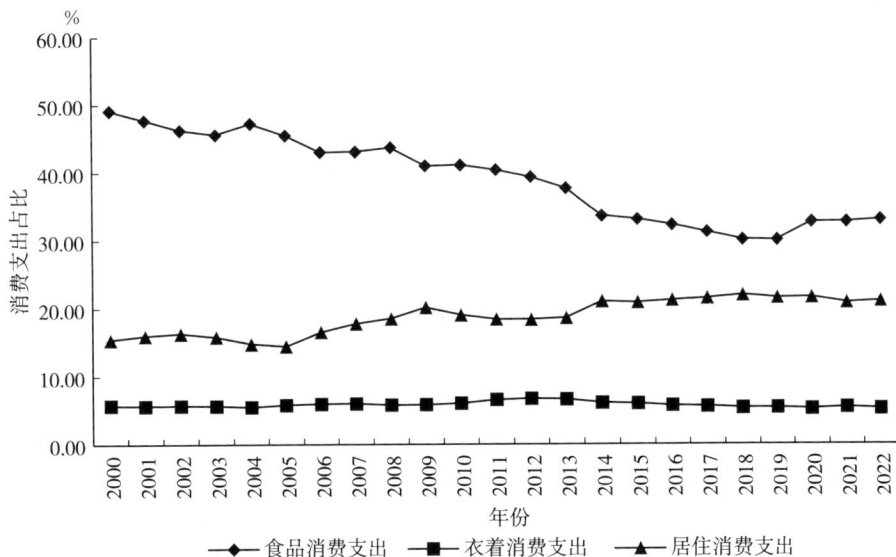

图 2-13　2000—2022 年农村居民生存型消费支出变化

（二）发展型消费支出变化趋势

图 2-14 展示了 2000—2022 年我国农村居民交通通信、文教娱乐和医疗保健消费支出的变化情况。由图 2-14 可知，我国农村居民的交通通信和医疗保健消费支出比例在样本期内总体上稳步提高，而文教娱乐消费支出比重在样本期内大致呈 U 形变化。具体来看，我国农村居民的交通通信消费支出份额由 2000 年的 5.58％上升到 2022 年的 13.41％，增加了 7.83 个百分点，增长速度在各类消费支出中最快。这是由于随着农村交通基础设施的完善和通信方式的升级，农村居民在交通通信方面的支出大幅提高。特别近年来随着互联网的发展和网络购物的兴起，进一步刺激了我国农村居民在交通通信方面的消费。

从医疗保健消费来看，农村居民医疗保健消费支出份额由 2000 年的 5.24％上升到 2022 年的 9.82％，增加了 4.58 个百分点。一方面国家出台了一系列的社会保障政策，如新农合、新农保等，对农村医疗器械、医护人员队伍建设等大力扶持，为农村居民医疗保健消费提供了保障；另一方面，随着农村老年化问题的加剧，以及农村居民对自身健康问题的重视，都会相应增加医疗保健消费方面的支出。

从文教娱乐消费来看，农村居民文教娱乐消费支出份额在 2003—2013 年呈逐年下降的态势，2014 年回升到 10.25％，2019 年增加到 11.12％，之后几年又有所降低。2003—2013 年农村居民文教娱乐消费支出比例下降可能是由于 2006 年《中华人民共和国义务教育法》修订，免除学杂费，从而减少了农村居民家庭的教育支出。2014 年之后文教娱乐消费支出比例重新回升，一方面可能是由于随着知识经济的发展，家长更加重视孩子的教育，参加课外培训班，增加了教育费用的支出；另一方面，随着农村居民生活质量的提高，对于旅游、休闲娱乐等需求逐渐提高，也会增加其文教娱乐消费支出的比重。但值得注意的是，在 2006 年之前，农村居民文教娱乐消费支出份额仅低于食品消费支出份额和居住消费支出份额，排在第三位。从 2007 开始，农村居民交通通信消费占比超过了文教娱乐方面的消费占比，文教娱乐方面的消费占比在农村居民消费结构中排第四位。这反映出农村居民消费升级更多地体现在物质生活的发展和享受，而在教育文化方面则有待进一步提高。

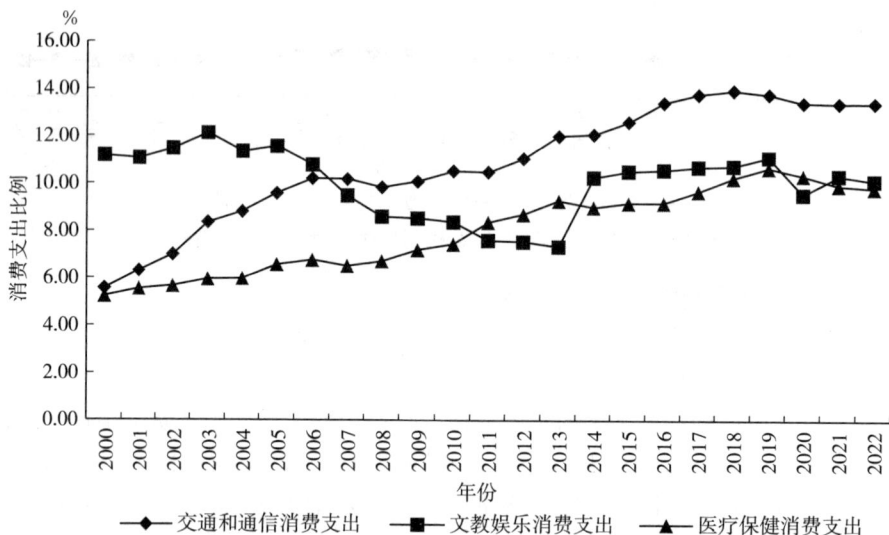

图 2-14　2000—2022 年农村居民发展型消费支出变化

（三）享受型消费支出变化趋势

由图 2-15 可知，农村居民生活用品及服务消费占比在样本期内呈现出下降后上升再下降的波动变化趋势。具体来看，2000—2004 年农村居民生活用品及服务消费占比由 4.52％下降到 4.08％，下降了 0.44 个百分点，这可能是由于农村居民家庭将更多的消费用于居住和交通通信消费，从而降低了生活用品及服务消费的占比。从 2005 年开始，农村居民生活用品及服务消费占比逐年增加，于 2014 年达到样本期内的顶峰，占 6.04％。这可能是由于在 21 世纪初，随着经济全球化的发展和我国城镇化进程的推进，大量的农村劳动力进入城市非农部门就业，增加了农村家庭的非农收入和总收入，进而促进了对洗衣机、彩色电视机等家庭耐用品的需求；另一方面国家出台了"家电下乡"政策，对一些家电产品进行消费补贴，刺激了家庭耐用消费品的市场需求，从而提升了农村居民生活用品及服务消费支出的比重。

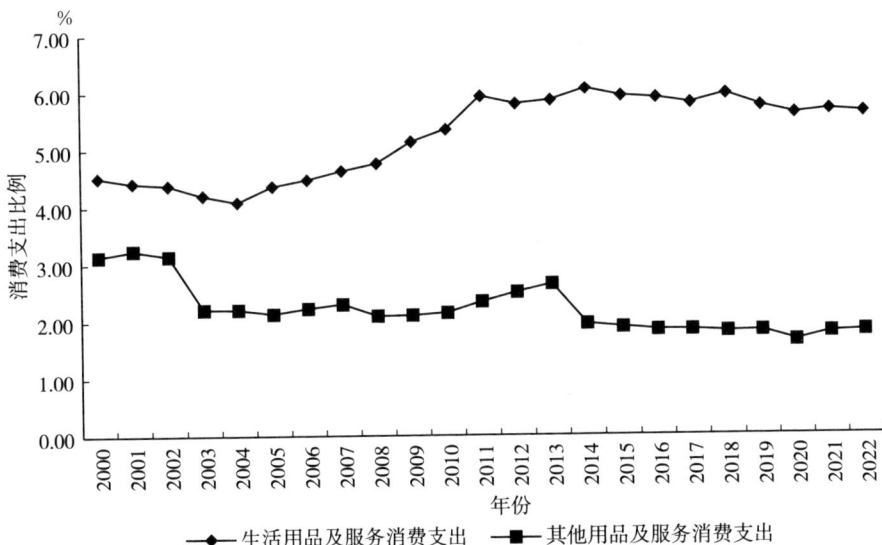

图 2-15　2000—2022 年农村居民享受型消费支出变化

三、城乡居民消费差距及演变趋势

　　图 2-16 显示的是 2009—2022 年我国城乡居民消费差距变化情况。从图中可以看出，在样本期间内，我国城镇和农村居民人均消费支出均呈上升态势。具体来看，城镇居民人均消费支出由 2009 年的 12 264.55 元增加到 2022 年的 30 390.8 元。同时期农村居民人均消费支出由 3 993.45 元增加到 16 632.1 元。从城乡绝对消费差距①来看，由 2009 年的 8 271.1 元扩大到 2022 年的 13 758.7 元。虽然城乡居民消费水平逐年提高，但城乡绝对消费差距依然呈扩大趋势。从城乡居民相对消费差距来看，由 2009 年的 3.07 倍缩小到 2022 年的 1.83 倍，城乡相对消费差距有所减缓。

　　进一步采用 Theil 指数描绘了 2009—2022 年我国东、中、西部城乡居民消费差距的变化情况，如图 2-17 所示。可以看出，全国城乡居民消费差距在

---

　　①　通常城乡居民绝对消费差距为城镇居民人均消费支出减去农村居民人均消费支出，城乡居民相对消费差距以城镇居民人均消费支出与农村居民人均消费支出的比值来衡量。

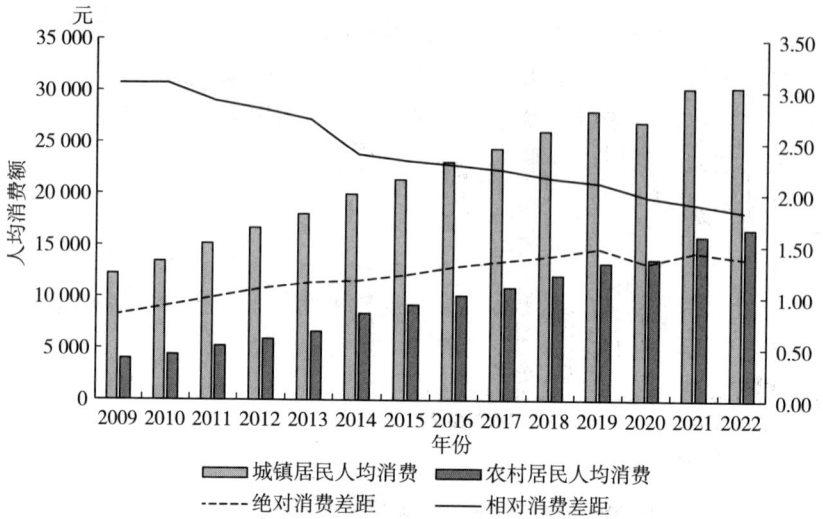

图 2-16 2009—2022 年城乡居民消费差距

2009—2022 年呈下降趋势，这与图 2-16 中所得结果相同。同时，从图 2-17 中可以看出，我国东部、中部和西部地区的城乡居民消费差距均呈下降趋势，这表明无论是在全国层面还是在区域层面，城乡居民消费差距在样本期间内均有所改善。通过比较发现，东部地区的城乡居民消费差距最小，而西部地区城乡居民消费差距最大，表明地区经济越发达，城乡居民消费差距越小。

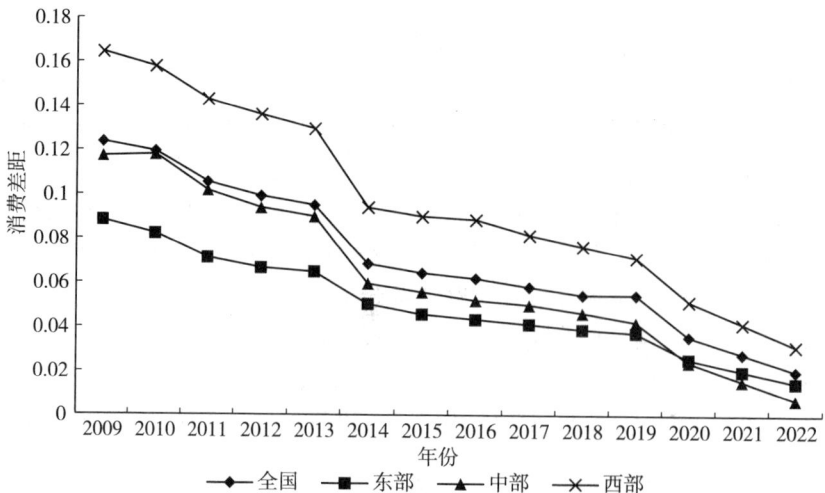

图 2-17 2009—2022 年东、中、西部城乡居民消费差距

第四节　农村互联网发展与农村居民
消费的关系考察

图2-18描述了2009—2022年我国31个省份农村互联网发展和农村居民消费水平的散点图和拟合关系。图2-19为农村互联网发展和农村居民消费结构的散点图和拟合关系。可以看出，农村互联网发展与农村居民消费水平呈现正相关关系（图2-18）；农村互联网发展与农村居民生存型、发展型和享受型消费支出占比均呈现出正相关关系（图2-19）。这表明农村互联网发展不仅能够从总体上提高农村居民消费水平，还能通过促进农村居民生存型、发展型和享受型消费支出，进而提升消费水平；同时，农村互联网发展可以提高农村居民发展型和享受型消费占比，促进消费结构升级。

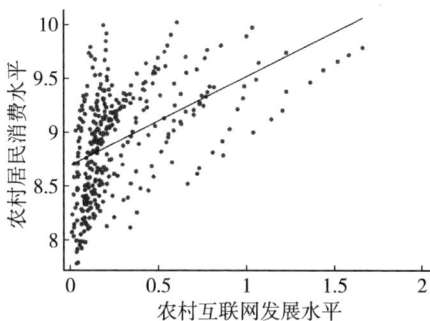

图2-18　农村互联网发展与农村居民
消费水平的拟合关系

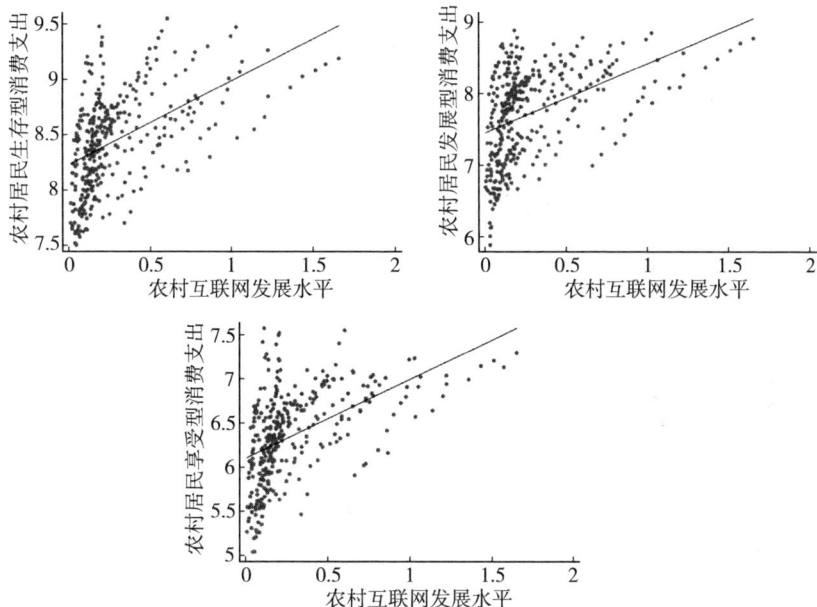

图2-19　农村互联网发展与农村居民
消费结构的拟合关系

　　图 2-20 为农村互联网发展和城乡居民消费差距的散点图和拟合关系。可以看出，农村互联网发展和城乡居民总体消费差距、城乡居民生存型、发展型和享受型消费差距均呈现负相关关系。由此可见，农村互联网发展能够缩小城乡消费差距。但以上结果仅是统计描述的结果，并不能准确反映二者之间的关系。其原因在于，影响我国农村居民消费的因素十分复杂，这种统计描述而得的拟合关系可能存在"失真"（程名望，2016）。因此，后文将采用计量分析方法，进一步探索我国农村互联网发展与农村居民消费之间的关系。

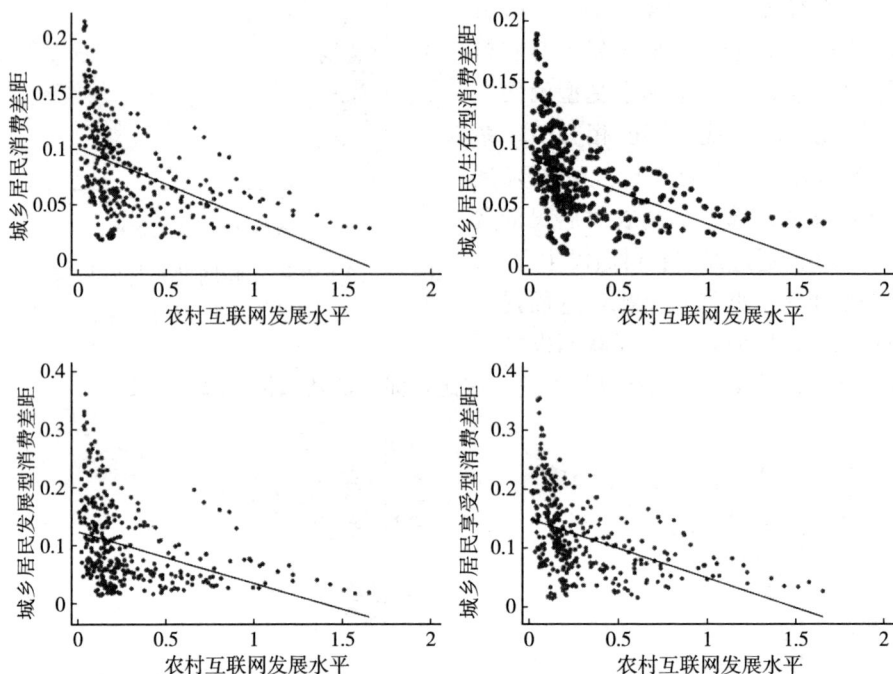

图 2-20　农村互联网发展与城乡居民消费差距的拟合关系

本章小结

　　本章首先分析了 2009—2022 年我国互联网发展现状，然后运用熵值法进行测度，得到了我国农村互联网发展水平综合指数，接着考察了农村居民消费水平、消费结构以及城乡居民消费差距的变动趋势，最后分析了互联网发展和农村居民消费的关系。

　　①2009—2022 年，我国互联网发展迅猛，互联网用户规模快速扩张，电话普及率和移动电话普及率总体呈现上升趋势。②农村地区和城镇地区的

互联网普及率在样本期间内均呈逐年稳步上升的态势，但城乡间的互联网普及率差异仍然较大。③我国农村互联网发展水平由 2009 年的 0.228 0 上升到 2022 年的 0.379 2，整体上呈现上升趋势。从省际差异来看，浙江省的农村互联网发展水平综合指数均值最高，其次是江苏省，之后便是广东、山东、河北等东部省份。从区域差异来看，东部地区的农村互联网发展水平最高，中部地区次之，西部地区最低，区域差异明显，东部地区与中西部地区之间存在着较大的"数字鸿沟"。④农村与城镇网民网络购物用户规模均稳步上升，网络消费呈高速增长的态势。样本期间内，农村居民人均可支配收入与人均消费支出呈稳步上涨的趋势；农村居民平均消费倾向呈现波动上涨的趋势，城镇居民平均消费倾向处于总体下降的态势。⑤我国居民消费率较低，使得最终消费率偏低，农村居民消费水平低是我国居民消费率偏低的重要原因。⑥农村居民恩格尔系数总体上呈下降趋势，生活水平提高。⑦农村居民消费仍以食品消费为主，但其所占的比例在持续下降；生活用品及服务消费所占比例变化不大；居住、交通通信、文教娱乐和医疗保健消费支出均有所提高。农村居民消费结构在样本期内不断优化，消费品质持续提升。⑧无论是从全国层面还是从区域层面来看，我国城乡居民消费差距在样本期间内均有所改善。通过比较发现，东部地区的城乡居民消费差距最小，而西部地区的城乡居民消费差距最大。⑨农村互联网发展与农村居民消费水平、发展型和享受型消费支出占比均呈现正相关关系，而农村互联网发展和城乡居民消费差距则为负相关关系。

第三章 CHAPTER 3

互联网发展对农村居民消费
影响的理论分析

本章是互联网发展影响农村居民消费的理论分析，为后文实证研究奠定理论基础，是本书的重要组成部分。本章共分为两个小节：首先，对相关理论进行介绍，主要包括居民消费理论和互联网经济理论。其中，居民消费理论包括绝对收入假说与相对收入假说、不确定消费理论等。其次，分析了互联网发展对农村居民消费水平、消费结构升级以及城乡居民消费差距影响的内在机理。

第一节 理论基础

一、居民消费理论

（一）绝对收入假说与相对收入假说

1. 绝对收入假说

绝对收入假说由凯恩斯于 1936 年提出，该假说认为，消费与收入之间具有稳定的函数关系。一般而言，居民的消费支出会随其收入水平的提高而增加，但消费的增量小于收入的增量（Keynes，1936）。因此，边际消费倾向是递减的，且处于 0～1。其函数形式为：

$$C_t = \alpha + \beta Y_t \qquad (3-1)$$

其中，C_t 表示 t 时期的消费支出，Y_t 代表 t 时期的收入，α 为自发性消费，β 为边际消费倾向（$0 < \beta < 1$）。

由式（3-1）可以看出，消费可以分为两个部分：一部分是自发性消费，这部分消费与收入无关，因此以常数表示；另一部分为引致消费，这部分消费受到收入变化的影响。凯恩斯认为，个人需要、不可预见的环境等主观因素对倾向消费的影响比较迟缓，而利息率等客观因素对消费倾向的影响在短期内往往处于次要地位。因此，当期消费主要受到当期收入的影响。当然也可以看出，绝对收入假说适用于短期分析。

2. 相对收入假说

Duesenberry（1949）提出了相对收入假说，该理论认为，消费是一种社会行为，具有很强的示范效应和不可逆性，即消费除了受收入的影响，还会受到周围其他消费者的影响，以及自身过去消费习惯的影响。因此，相对收入假说的消费函数在长期和短期的形式并不相同。在长期，消费与收入之间的比例保持不变，是一个常数；而在短期，消费则会产生波动。相对收入假说的核心在于两种效应的存在。

一是示范效应。示范效应是指个人消费不仅受到自身收入水平的影响，还会受到身边收入相近的人的影响，即消费具有模仿和攀比性。消费的示范效应会使得消费者模仿身边具有高消费水平的人，在实际收入不变时，也会增加自身的实际消费支出。当个人收入水平下降或保持不变时，周围人的收入水平提高使得消费增加时，个人不会降低自身的消费水平，而是会保持和周围人相同的消费水平。二是荆轮效应。荆轮效应是指一旦人们的消费习惯形成之后，具有不可逆性。消费者的消费支出不仅会受到自身收入水平的影响，还会受到过去消费习惯的影响。

（二）生命周期假说和持久收入假说

与凯恩斯的"静态"消费理论不同，生命周期假说和持久收入假说将消费函数拓展到动态跨期分析。生命周期假说由莫迪利安尼和安东于1954年共同提出。该理论从传统的消费理论出发，将消费者视为"前瞻性"的理性主体，考察了消费者整个生命周期内的收入与消费关系，修正和发展了凯恩斯消费理论。生命周期假说的前提是消费者是理性的，其目的在于实现效用最大化。根据这一原则，消费者的消费和储蓄取决于其一生的收入和财产。

持久收入假说由弗里德曼于1956年提出。该理论认为，理性的消费者进行消费时，不是由当期收入决定的，而是根据一生的收入来安排消费，从而达到一生效应最大化。弗里德曼认为若是人们的持久性收入增加，则消费就会增加；若是暂时性收入增加，则会将增加的收入用于储蓄而不是消费。因此，持久收入和持久消费的函数关系可以表示为：$C_t^p = f(r, W)Y_t^p$，其中 r、W 分别表示利率和财富。

生命周期假说与持久收入假说具有极大的相似性，两个消费理论均假设消费者是"前瞻性"的决策者，认为消费是根据人的一生或持久收入做出的决策。其区别在于：首先，生命周期假说是在有限生命内进行的研究，而持久收入假说则是在无限生命的情况下进行分析。其次，生命周期假说将收入分为劳动收入和财产收入，并按照生命周期划分为三个阶段，而持久收入假说中，收入只是单一的持久收入，并未考虑个人不同生命阶段的收入来源。

（三）不确定消费理论

1. 随机游走假说

随机游走假说由霍尔于 1978 年提出，该理论将理性预期方法和不确定性应用在消费函数上。霍尔指出，由于时间具有不可逆性，一旦做出消费决策，无论好坏都不能改变，而之后的消费会受到利率、收入等变化的影响。随机游走假说认为，消费者的消费变化具有不可预测性，遵循随机游走的特征。用函数形式可以表示为：$C_t = \lambda C_{t-1} + \varepsilon_t$，其中，$C_t$ 和 C_{t-1} 分别表示第 t 期和 $t-1$ 期的消费，ε_t 为随机变量。从公式中可以看出，本期消费与前期消费相关。随机游走假说也是理性预期假说应用于持久收入假说的结果，但与传统的消费和储蓄关系相背离，在后来的研究中更是无法解释消费的"敏感性"和"平滑性"，从而产生了预防性储蓄理论和流动性约束理论。

2. 预防性储蓄理论

预防性储蓄理论是指消费者为面对未来的不确定性而采取的储蓄措施，而这种不确定性主要来自收入的波动。该理论认为，当居民预期未来会发生某种不确定时，会增加当前的储蓄，以应对可能产生的消费波动。预防性储蓄理论主要从三个方面展开研究：一是消费的偏好。该理论认为消费者具有谨慎的偏好动机，因而会进行预防性储蓄。二是缺乏可跨期的借贷手段形成的借贷约束，促使消费者进行预防性储蓄。三是为应对经济环境的不确定性和未来可能发生的风险，需要进行预防性储蓄。利兰德的预防性储蓄假说认为，未来不确定程度上升会导致居民进行更多的储蓄。他指出消费者的储蓄动机有两个：一是预防未来不确定性的谨慎动机；二是平滑跨期消费的动机。根据预防性储蓄理论，消费具有敏感性和平滑性。这一结论与凯恩斯的绝对收入假说吻合。

3. 流动性约束理论

流动性约束又称"信贷约束"，是指居民为满足消费而向金融机构或其他非金融机构获取贷款时，会受到一定的限制。流动性约束产生的原因主要在于消费者财富偏低、信息不对称、信贷市场不发达和缺乏抵押品等。具体来说，由于消费者缺乏财富，无法形成抵押品以获得贷款；信贷市场不发达以及信贷市场上信息不对称，使消费信贷的种类和规模较少；再加上存在逆向选择和道德风险等问题，因而会产生流动性约束。流动性约束理论认为，当消费者面临流动性约束时，其消费会相应减少。流动性约束主要从两个方面影响消费：一方面，当居民面临当期流动性约束时，消费者即使预期未来收入会提高，也不会增加当前的消费。因为在无法获得借贷时，提高消费水平的唯一途径在于收入的提高和财富的积累。另一方面，当居民面临预期流动性约束时，也会降低当前消费，增加储蓄，以应对未来发生的风险。因此，无论消费面临的是当前的流动性约束还是预期的流动性约束，都会导致居民减少现期消费，增加储蓄。互联网的发展及其产生的互联网金融的发展，不仅有利于缓解信贷市场的信息不对称，还有利于缓解人们的流动性约束，提高消费水平。

二、互联网经济理论

（一）搜寻理论

搜寻理论的研究最早始于 20 世纪 60 年代 Stigler（1961）建立的搜寻模型。搜寻行为产生的前提是商品市场消费品价格离散和信息不对称。价格离散①是指，交易双方由于信息不对称，使相同质量的商品往往以不同的价格出售，从而形成不同的价格序列。价格离散会受到搜寻成本的影响。一般来说，搜寻成本越低，价格的离散程度就越低（Salop et al.，1982）。正是由于价格离散，才导致市场信息的不完备性和市场代理人之间的信息差别，进而产生有利可图的信息搜寻行为。

按照搜寻方式，可将搜寻理论分为连续搜寻和固定样本搜寻。假定消费者了解市场上商品价格的分布，但并不清楚每一个销售者的报价，这时消费者在市场上开始连续不断地搜寻，直到寻找到可以接受的价格，才会停止搜寻或放弃搜寻，这称为连续搜寻。固定样本搜寻是指消费者在搜寻展开之前，预先选定几个固定的销售者，之后在选定的样本内开始搜寻最低价。根据搜寻理论可知，搜寻成本是指人们在信息搜寻过程中所花费的费用。这些费用包括两个部分：一部分是搜寻活动的现实开销，如交通费用、鞋底磨损等，这些实际上是交易费用；另一部分是调查市场上不同商品价格、质量等所花费的时间成本，这可以看作是一种“机会成本”（叶小梁，2006）。搜寻成本随着搜寻次数的增加而增大，因此搜寻的边际成本是递增的。对搜寻者而言，面临着“继续搜寻”或“停止搜寻”的选择。从理论上来说，当搜寻活动的预期边际收益大于其边际成本时，搜寻者会“继续搜寻”；当搜寻活动的预期边际收益等于其边际成本时，搜寻次数达到最大，搜寻者便会“停止搜寻”。搜寻理论广泛应用于商品市场、劳动力市场等，在劳动力市场上衍生出了职业搜寻理论（Phelps，1970），用来解释劳动力市场上的职业选择问题。

互联网技术的发展对人们的信息搜寻行为和搜寻成本产生了极大的影响。首先，互联网技术的发展使得搜寻行为突破了时间和空间的限制，理论上消费者可以利用互联网搜寻到全球任何地方、任何时间的商品信息，以主动搜索代替了传统被动获取信息的方式，有助于改善传统市场上搜寻成本较高的问题。

---

① 造成市场价格离散的首要原因是市场是变化和分散的，而非集中统一和稳定静止的；其次是商品的异质性和时空特征。

其次，互联网技术的发展，带来了丰富的信息资源和便利的搜索引擎，有助于降低传统市场上信息严重扭曲和信息不对称的问题。最后，由于互联网信息技术的高速发展，由此产生定制化的搜寻手段，如通过大数据为消费者推送其喜好或经常购买的相似物品，也会降低搜寻成本。总的来说，互联网技术的发展不仅扩展了搜寻范围，还有助于降低消费者的搜寻成本，减少信息不对称，提高市场搜寻效率。

（二）长尾理论

长尾理论（The Long Tail）是网络时代兴起的一种新理论，由美国人克里斯·安德森提出。长尾理论认为，受成本和效率的影响，当商品储存、流通、展示的场地和渠道足够宽广，商品生产成本急剧下降以至于个人都可以进行生产，并且商品的销售成本急剧降低时，几乎任何以前看似需求极低的产品，只要有卖，都会有人买。这些需求和销量不高的产品所占据的共同市场份额，能够匹敌甚至超越少数主流热销商品所占据的市场份额。"冷门商品"在长尾理论中占据尾部市场，一般是价格低廉但种类繁多的商品，消费者具有很大的选择空间。"畅销商品"则占据头部市场，一般是品质较好、价格较高的商品（赵艳，2021）。由于互联网经济具有储存成本低、消费者众多的特征，因此在互联网的影响下产品能够以较低的成本开拓广阔的利基市场，使互联网经营模型下的众多产品占据于长尾市场并获取收益（Akerman，2006）。

长尾市场与主流市场相对应，是指"二八定律"中获得百分之八十利润的百分之二十主流产品市场之外的百分之八十的异质性产品市场（图3-1）。1955年，诺贝尔经济学奖得主保罗·萨缪尔森（Paul A. Samuelson）将经济学定义为"研究人们如何选择使用稀缺或有限的生产资源"。互联网经济中长尾理论的发展则拓展和延伸了稀缺经济学的原定假设，在一定程度也是对"二八定律"的一种补充（唐海军，2009）。

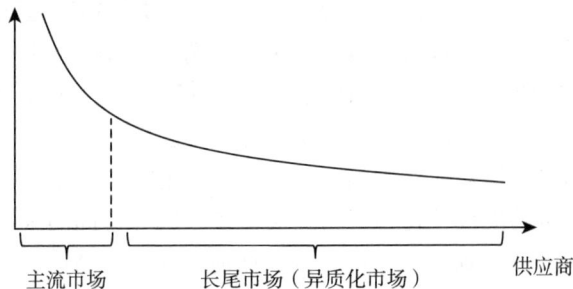

图3-1 长尾理论市场结构图

互联网技术的发展，使智能手机和电脑等产品获得广泛的应用和普及，为低成本生产和销售提供了可能。互联网的低成本特征是长尾市场得以不断延伸的基础条件，也正是通过互联网传播的规模效应使得市场拓展的边际成本显著降低（Anderson，2004）。同时，互联网平台为长尾中的小众商品提供了广阔的销售市场，这些少量的需求不断累加，会形成比主流市场更大的市场。因而在需求曲线中会形成一条长长的"尾巴"，使得被大众流行产品挤压和忽略的"个性化"产品被凸显出来。低成本的制作和传播将使处于长尾市场中的小众商品的生产者和传播者获得更高收益，从而繁荣长尾小众商品的供应市场。

（三）梅特卡夫定律

梅特卡夫定律又称梅特卡夫法则，是由计算机网络先驱、3Com 公司的创始人罗伯特·梅特卡夫提出并以其姓氏命名。其主要观点是网络的价值等于该网络内的节点数的平方，同时与联网的用户数的平方成正比，即一个网络的用户数目越多，该网络的价值也就越大。其公式为：

$$V = K \times N^2 \tag{3-2}$$

其中，N 表示网络的用户数量，K 表示价值系数。

梅特卡夫定律指出网络具有正外部性效果，即联网的用户越多，网络的价值越大，同时联网的需求也会增加。每一个新上网的用户会因别人的联网而获得更多的信息和交流机会，因此网络的价值不会像其他经济财产一般会因使用者的增加而减少。从总体上看互联网技术的发展对消费的影响存在递增效用，这是由于需求创造了新的需求。

第二节　互联网发展对农村居民消费影响的作用机理

信息通信技术（ICT）的快速发展和互联网的普及与应用，打破了传统地理空间的界限，大大缩短了区域间的时空距离。特别是进入 21 世纪以来，互联网已紧密地嵌入到人们的日常生活生产中，扩大了信息搜寻范围，创新了信息搜寻方式。互联网已成为和铁路、公路同等重要的基础设施（李晓华，2016）。有研究表明，互联网能够最大限度地整合各种资源，提高市场中的资源配置效率（王鹏飞，2014；Ren S，2021）。联合国开发计划署（UNDP）（2001）认为，互联网技术提高了市场效率，创造了经济机会，促进了政治参与。同样互联网也有利于农村居民获得更多的发展机会，降低信息搜寻成本，共享"数字红利"（赵羚雅，2019）。

一、互联网发展对农村居民消费水平影响的理论分析

（一）价格效应

在商品市场上，互联网技术发展可以通过降低企业的生产成本、促进商品

市场竞争等影响消费品的价格，这也可以称为价格效应。

互联网技术促进了生产方式的改变，有助于提高企业的运营效率（Dana J，2014）。首先，互联网经济具有强大的外部性特征，能够为传统的生产结构提供新的生产方式、销售模式以及物流模式。企业对于互联网等数字技术应用最为直接的成果就是以机械替代劳动力，实现了部分生产环节的自动化，从而直接降低商品的制造成本。其次，互联网可以帮助企业建立实时的库存、供应链和人员信息管理系统，提高经营管理者的工作效率，从而降低企业的管理费用。最后，互联网中各种交易平台的搭建和发展，为企业的市场销售提供了便利，免除了更多的中间环节，降低了市场的交易成本，同时也降低了企业的销售费用。因此，互联网的发展有助于企业降低制造成本、管理成本和销售成本，也就意味着商品的生产成本降低，促使消费品价格降低，进而实现消费的扩张。

根据搜寻理论，以互联网为基础搭建的各种网络交易平台可以提高消费者的搜寻效率，从而对商品的零售价格产生影响（Heil et al.，2009）。一方面，互联网增加了信息透明度，减少了供需双方的信息不对称，使消费者在购买商品时能够以最低的价格获得。另一方面，互联网具有无边界特征，可以将销售和购买行为扩展到更广的区域，避免了市场分割，并有效整合了不同地区商品的供应方和需求方，加速了商品市场的整合，增加了同质商品销售的聚集程度，进而有效降低了商品的零售价格（Tang et al.，2010）。

信息系统可以在市场中充当买方和卖方之间的中介，创建的"电子市场"可以降低买方获取卖方价格和产品信息的成本（Bakos，1997）。因此，电子市场降低了买方搜索成本，也降低了卖方获取垄断利润的能力，同时增加了市场优化配置生产资源的能力。Stahl（1989）发现随着互联网用户数量的增加，商品市场的均衡价格将下降。孙浦阳（2017）拓展了搜寻模型中的外部搜寻，探讨了搜寻效率和搜寻成本对商品零售价格的影响，在边际搜寻成本很小的地区，电子商务平台通过提高消费者的搜寻效率显著降低了商品的均衡价格。

（二）市场范围效应

互联网技术的发展和应用，大大提高了市场的匹配能力，降低了信息的搜寻成本，提高了市场效率，有助于减少市场失灵，进而扩大原有产品的市场范围和开拓新的市场。这可以称为互联网的市场范围效应，即由于互联网的发展导致消费者面对的市场范围发生了变化。

首先，互联网发展降低了搜寻成本，使得原有产品市场的空间范围扩大。传统市场受到距离的限制，市场辐射往往只能局限在一定的空间范围内，而互联网则扩大了消费者搜索的范围，使产品获得更为广泛的市场。农村居民通过互联网来选择消费品，只需要花费部分的时间成本，无须支付空间成本，因而将有效促进其消费增长。

其次，搜寻成本的降低有利于长尾市场的发展。由于匹配概率和搜寻成本过高，导致一些小品种、个性化的产品无法在传统的市场中生存。但在互联网市场中，由于搜寻成本降低和匹配能力提高，再加上卖方在互联网市场上面临的竞争更加激烈，这将使消费品生产企业更加重视消费者的特殊需求，进而形成长尾市场，拓宽了消费者的选择空间。在长尾市场中，其产品为消费者提供了个性化、多样化的选择，再加上便利的支付方式以及较低的搜寻成本，将有助于激发农村居民潜在的消费需求，进而提高消费水平、促进消费结构升级。

最后，搜寻成本的降低，有利于专业化分工，为新市场的开拓提供了可能。根据 Coase（1937）的交易成本理论，交易成本主要包括搜寻成本、议价成本、履约成本以及监管成本等。互联网发展可以降低交易双方的信息不对称，从而减少信息搜寻成本和议价成本（Borghans，2006）。因此，在其他成本不变的情况下，互联网发展降低了交易成本，而交易成本的降低则有助于社会分工的深化，提高分工水平。根据"斯密—杨格"定理可知，专业化分工能够创造新的市场，从而扩大消费需求层次，拓展消费市场范围（Young，1928）。

（三）收入效应

根据居民消费理论可知，收入是影响消费的关键因素。互联网发展能够通过提高经营性收入和工资性收入来增加农村居民收入。因此，农村居民可以通过互联网实现收入增长，进而增加消费，这也可以称为互联网的收入效应。

1. 互联网发展能够提高农村居民的经营性收入

随着互联网的发展，信息已经成为非常重要的生产要素。企业或个人能够获得有效信息，将提高其参与全球经济的能力和积极性。由于信息不对称，使交易双方需要对彼此的信息进行搜寻，以保证交易的实现，这就产生了搜寻成本。因此，搜寻成本也是交易成本的一种。人们因获取信息而付出的搜寻成本，不仅包括花费的交通、调查等货币成本，而且包括个人时间等机会成本（Smith，1999）。其中，机会成本可能在搜寻成本中占主要部分（Stigler，1961）。互联网技术的发展和应用，提高了信息的传递速度和搜寻效率，减少了农村居民的信息搜寻成本，缓解了农村地区的"信息贫困"，从而降低了农村居民获得农业技术或者其他相关技术的相对成本（李晓钟，2021）。

从生产率来看，互联网相关技术的应用，减少了制造业生产相同产量的产品所需要的工人数量，从而提高了制造业的劳动生产率（Yi Li，2020）。互联网发展对农业也有类似的影响，即互联网技术的发展和应用可以提高农业生产效率。其原因在于互联网发展有利于农村居民快速获取有用的信息，其中就包括农业生产技术或市场信息。通过对相关技术与信息的筛选，有助于农村居民做出最优生产决策，选择适宜的种植品种和种植方式，提高农业生产效率。

在传统的农产品销售模式下，农产品从生产到最终销售，要经历多个中间商，而每个中间商则可以依靠信息或区位优势，压低收购价格，抬高销售价格，从中获取高额利润，使农村居民和消费者的利益受损。互联网技术的发展可以使买卖双方无须通过中间商而进行直接匹配（Bakos，1998），填补了农村居民在市场信息获取和销售渠道上的短板，从而获得更多的利润。

依托互联网搭建的线上销售平台以及一些农产品信息网站等，打破了市场的地域和时间限制，能够让农村居民及时了解市场价格、获取市场信息，从而有助于更好地引导生产（Baorakis，2002）。除此之外，互联网的发展还有助于拓宽农产品销售渠道，提升农产品销量。在传统的农产品流通模式中，农产品生产者与消费者是相互分离的，农民不知道自己产品卖给了谁，消费者也不清楚从哪里购买的产品。互联网技术的应用实现了生产者和消费者的互动。此过程能够提高消费者的回购率，可以将产品推介给更多的消费者，进而扩大市场需求，提高农产品销量，增加农民的经营性收入。

2. 互联网发展能够提高农村居民的工资性收入

互联网发展不仅能够提高农村居民的经营性收入，还能通过促进非农就业提高工资性收入，进而增加消费支出。

首先，互联网技术的发展和应用能够为就业者提供更多的就业信息，提高个人能力与岗位的匹配度。与此同时，依托互联网技术，也催生了大量的新职业和新业态。近年来，数字经济产业吸纳了越来越多的就业人口，促进了就业的高质量发展。中国信息通信研究院数据显示，2018 年我国数字经济领域提供的就业岗位有 1.91 亿个，占当年总就业人口的 24.6%[①]。就个人就业匹配而言，在进行就业决策时，能否成功实现就业与自身能力和职业搜寻的难易程度有关。搜寻理论表明，搜寻的边际收益和边际成本决定了搜寻的程度。在劳动力市场上产生的职业搜寻理论也解释了一部分失业问题和个体的就业选择（Stigler，1962）。互联网发展降低了信息搜寻成本，改善了就业市场的信息不对称状况，提高了就业信息的匹配效率，能够让劳动者更加快速地找到工作（宁光杰，2018）。农村居民能够通过就业网站、招聘 APP 等获取就业信息，及时应对市场变化。

其次，互联网发展有助于农村居民人力资本的积累和社会资本的提升，从

---

① 数据来源：《中国数字经济发展与就业白皮书》（2019 年）。据《2023 中国数字经济前沿：平台与高质量充分就业》研究报告的数据显示，以微信、抖音、快手、京东、淘宝、美团、饿了么等为代表的平台，2021 年为中国净创造就业岗位约 2.4 亿个，为当年约 27% 的中国适龄劳动人口提供了就业机会。

而扩大非农就业规模。一般而言，农业部门的边际收益低于非农部门，农村居民由于自身人力资本较低，再加上就业信息不对称等问题，使其向非农部门转移较为困难。而人力资本的积累则有助于促进农村居民实现非农就业（周其仁，1997）。张景娜（2020）研究发现，在农村从事农业生产的往往是家庭中人力资本较低的成员，而人力资本较高的成员往往会参与非农就业。互联网发展能够让居民以较低的成本获得更多学习资源与机会，从而有利于人力资本的积累和个人发展（田俊，2019）。同时，互联网平台中优质的教学资源，不会因城乡等地域而有所差异，打破了传统意义上因地域、师资等造成的教育资源上的鸿沟（陈丽，2017）。因此，互联网的发展和使用，使农村居民拥有了更多的教育机会和教育资源，有利于农村居民通过互联网进行技能和知识的学习，提升自身能力和专业素养，进而产生非农就业倾向，带来收入的提升。

再次，互联网发展能够通过丰富农村家庭社会资本，提升农村居民的非农就业概率（赵羚雅，2019）。这是由于互联网会使社会关系变得更加紧密，有利于增强社会互动，促进沟通与交流，最终带来社会资本的增加（Wellman，2001；周广肃，2018）。如农村居民可以利用通信工具扩展自身的社交网络边界，不仅可以加强熟人之间的交流和沟通，还可以寻找到"志趣相投"的人群，进一步扩展自身的人脉资源和社会网络，以获取就业信息。

最后，互联网的发展降低了创业门槛，有利于创造就业，即通过创业实现增收，进而促进消费扩张和升级。以互联网为代表的信息技术的发展，逐步改变了传统的行业模式，为以互联网为媒介的创业活动提供了大量的机会。第一，以互联网为媒介的创业具有资产专用程度轻的特征，有效降低了创业的门槛和成本，也不会给创业者造成退出壁垒（辜胜阻，2016；许佳荧，2016）。第二，长尾市场的发展能够为创业者提供广阔的市场需求，且以互联网为媒介的创业活动可以摆脱时间和地域约束（蔡跃洲，2016；邹宝玲，2106）。第三，依托互联网技术能够实现市场行情的实时监测，可以有效降低创业风险。第四，传统的创业活动经常面临融资难题，特别是对农村居民而言，由于缺乏资产抵押品和担保能力，融资渠道和融资信息扩散也有限，使得农村居民的创业意愿和能力都较低。而以互联网为媒介的融资方式，可以实现资金需求和供给的精准匹配，减少信息不对称，极大缓解了农村创业者的融资约束。

综上所述，互联网发展对农村居民收入的影响主要是通过提高经营性收入和工资性收入来实现。通过降低信息搜寻成本，提高农业生产率，创新农产品营销模式，提高农产品销量来增加经营性收入。通过为就业者提供丰富就业信息，提高个人能力与岗位的匹配度，促进人力资本的积累和社会资本的提升，扩大非农就业规模。通过推动农村居民创业来增加工资性收入。互联网发展的收入效应的作用机理如图3-2所示。

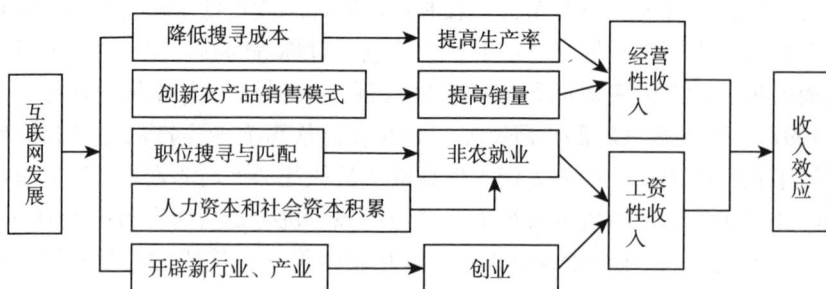

图3-2 互联网发展的收入效应的作用机理

（四）信贷约束效应

信贷约束对农村居民消费有着重要的影响。农村信贷市场不发达和农民缺乏抵押品和担保能力，使得消费无法进行跨期平滑。互联网的发展和使用为解决此问题提供了可能。互联网技术和金融业相结合而产生的互联网金融，改变了传统农村金融受抑制的状态。互联网金融为农村居民提供了新的资金供给渠道，有效弥补了消费需求不足的问题。

首先，互联网金融借贷门槛低，并以网络信誉替代了实物资产抵押，使缺乏抵押品的农村居民能够实现借贷需求，从而将农村潜在的消费需求转化为现实消费需求。其次，互联网金融借助网络信息技术的力量，拓展了小额、个性化的信贷，形成了有别于传统金融的长尾优势（李继尊，2015）。最后，互联网金融打破了金融服务的地域性，提高了融资的便利性，降低了不确定性。总的来说，互联网金融有效降低了农村居民的信贷约束，有助于平滑各期消费，提高消费水平（纪志宏等，2014；程名望，2019）。例如，P2P网络贷款等互联网金融能够为农村居民提供信贷，且具有程序简单、易于操作的特点，提高了资源配置效率。

另外，从支付方式来看，互联网金融的发展也改变了传统的现金支付方式，开创了新的支付方式（移动支付），电子货币开始普及。移动支付可以通过节约时间成本、降低搜寻成本以及减少支付成本等方式增加消费者剩余，从而提高居民消费水平（裴辉儒，2020）。就农村居民而言，理论上，移动支付可以提高农村居民的消费意愿，从而提高其消费水平。第一，移动支付的便利性提升了农村居民的消费意愿（王茜，2016）。与现金支付相比，移动支付可以使农村居民直接在网上进行交易，减少排队等候结账的时间。一旦一种支付方式被认为更方便，消费者就会更喜欢通过它来支付（Boden，2020）。在消费"荆轮效应"下，农村居民会形成支付习惯，从而产生依赖性，消费意愿进一步加强。第二，移动支付可以让农村居民产生"收入幻觉"，进而降低支付痛苦。早期研究表明，当消费者被要求使用信用卡时，他们要比被要求使用现金时支付更多的钱（Feinberg，1986；Hirschman，1979）。移动支付和信用卡支付的痛苦程度是一样的，其原因在于，所有的移动支付都是通过现有的信用卡或借记卡进行的，因此在财务上是等价的，但移动支付比信用卡支付更具便利性（Kim，2007）。陈战波（2021）等的研究也表明，移动支付对农村家庭消费水平提升和消费结构升级的影响要大于现金支付和银行卡支付。

总之，互联网技术和金融业结合而产生的互联网金融，不仅改变了传统农村金融受抑制的状态，还开创了新的移动支付方式，有助于缓解农村居民的信贷约束，提高农村居民的消费意愿，进而实现消费水平的提升。

互联网发展的信贷约束效应的作用机理如图 3-3 所示。

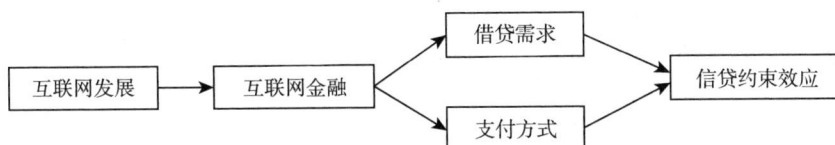

图 3-3 互联网发展的信贷约束效应的作用机理

（五）空间溢出效应

农村居民消费的示范效应主要包括外部示范效应和内部示范效应两个方面。外部示范效应，即城镇居民的示范效应。农村劳动力流动到人口集聚的城镇非农部门，使人们之间的交流机会增多，城镇居民与农村居民之间的消费行为和消费习惯相互渗透，产生示范效应。由于城镇居民具有更强的消费能力和水平，因而其消费行为和习惯会对流动进城的农村劳动力产生更强的示范效应，让他们不自觉地改变自己的消费行为和习惯，提高自身的消费水平。内部示范效应，即农村居民的示范效应。一方面，农村流动出来的劳动力在城乡之间往返，会将城市的消费习惯和消费行为传播到农村，影响留守在农村地区居民的消费行为；另一方面，流动出来的农村劳动力，受到城镇居民消费的影响，会提高自身的消费水平。由于消费存在"荆轮效应"，使他们的消费保持在较高水平，从而对农村其他低收入群体形成示范效应。

消费的示范效应不仅存在于群体之间，在地区间也存在示范效应，即一个地区农村居民消费的行为和习惯会引起相邻地区农村居民的模仿和攀比。由于农村居民间存在攀比与竞争，消费示范效应的存在会加强他们的虚荣心，产生强烈的羡慕感，从而抑制其预防性储蓄动机，引发超前性消费和攀比性消费（周建，2009）。在网络经济中，互联网技术加快了信息的传递和扩散速度，使农村居民能够尽快获悉周围群体及相邻地区的消费情况，从而快速调整自身的消费策略。因此互联网技术的发展和应用一定程度上扩大了消费的示范效应。

此外，地理学第一定律认为，任何事物之间都必然存在着某种相关性，只是相近事物间的这种相关性更强（Tobler，1970）。互联网作为一种网络领域的技术进步，表现出显著的外部性或溢出效应（Androutsos，2011）。当一个地区的农村居民利用互联网技术获得收益后，邻近地区的农村居民也会逐渐利用这项技术。数字技术的发展促进了劳动力、技术、资本等要素的空间流动，有助于打破地理空间约束，加强区域和城乡间的联系，实现地区间知识和农业技术的共享。新经济增长理论认为，技术进步是促进经济增长的源泉，而数字技术的应用能驱动农业技术进步，从而促进农业经济增长（雷泽奎，2023）。经济增长的涓滴效应则可以通过增加就业岗位和转移支付等形式来提高农民的收入水平，进而扩大消费。已有研究证实，数字技术的发展对农民收入增长、农业全要素生产率提升以及城乡收入差距缩小具有显著的空间溢出效应（孙淑惠等，2022；龚勒林等，2023）。因此，受消费示范效应和互联网技术的外部性的影响，互联网发展对农村居民消费的影响还可能存在空间溢出效应。

根据以上理论分析，本研究提出以下研究假设：

H1-1：互联网发展能够提高农村居民的消费水平。

H1-2：互联网发展能够通过价格效应、市场范围效应、收入效应和信贷约束效应，促进农村居民消费水平的提升。

H1-3：互联网发展对农村居民消费的影响具有空间溢出效应。

互联网发展对农村居民消费水平的影响机理如图3-4所示。

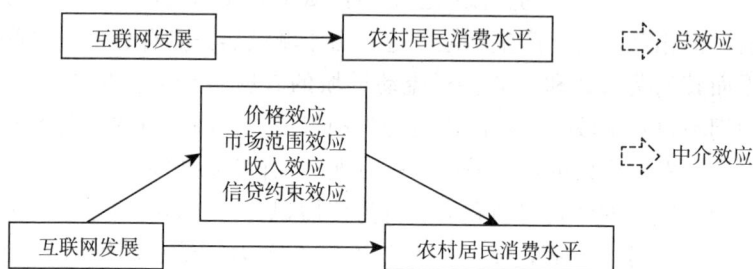

图3-4　互联网发展对农村居民消费水平影响的作用机理

二、互联网发展对农村居民消费结构影响的理论分析

上文分析了互联网发展对农村居民消费水平的影响机理，并提出了研究假设。消费结构升级也是居民消费行为的重要组成部分，更是满足人民美好生活需要的直接体现。那么，互联网发展能否影响农村居民消费结构，促进消费升级呢？这是本部分拟回答的关键问题。

首先，创新与技术进步对消费具有重要影响。互联网的出现引发了广泛的资源重组和聚合，优化了区域间的资源配置效率，有利于降低交易成本，提高消费效率（江小娟，2017）。技术进步可以改善消费品的质量，提高对消费者的吸引力，从而增加消费支出；同时，技术进步还可以改善流通环节的供应渠道，提高流通效率，为消费提供保障。在信息时代，互联网技术的发展与应用正在以前所未有的速度刺激着消费（杜丹青，2017）。互联网技术降低了流通成本，提高了物流效率，使得网上购物兴起，加之跨境电子商务的发展压低了进口商品的价格，这些都会提高消费者的购买意愿，扩大消费以满足自身需求。移动互联网的信息消费有利于多元化消费服务的满足，使消费品行业进行结构调整和升级，拓宽了消费领域，提高了消费档次。

其次，互联网改变了传统的商业运作模式，为生产者提供了一种更为快捷、有效和低成本的商业运行模式，实现了生产者和消费者的直接连接，在节约生产者成本的同时降低了消费者的交易费用，从而在一定程度上促进了消费总量的提升和消费结构的优化升级（马香品，2021）。在传统的商业运行模式中，产品从生产到最终销售，要经历多个中间环节，每个环节则面临着相应的人工、物流以及利润分成等，这无疑增加了产品的附加成本，因而消费者购买产品的价格要远高于其生产成本。

互联网时代下的商业运行模式发生了极大的变化。互联网的发展不仅减少了商品的中间流通环节，有效降低了商品价格，还有助于长尾市场的发展，扩大了小众商品的生产，以满足消费者的多样化需求，实现消费扩张和升级。例如"互联网教育""互联网医疗"等的发展，促进了消费品跨时间和跨地域的流通，网络购物平台的出现更是为农村居民提供了丰富多样的消费品。特别是随着近年来移动互联网的发展，智能手机已然成为农村居民上网的重要设备之一，而移动互联网能够为农村居民提供更加便捷和多样化的服务产品。农村居民通过互联网购买的产品和服务，更多集中于教育医疗、交通通信等发展和享受型消费支出，对食品等生存型消费支出的影响并不大。由此可见，互联网的发展有助于提高农村居民发展型和享受型消费支出的比重，进而推动农村居民消费结构升级。

最后，从消费理念来看，互联网发展还有利于促进农村居民思想观念和思维方式的转变。农村居民可以通过互联网获得有效的信息和知识，有助于更新自身的知识体系，转变思维方式，从而形成新的消费理念，以释放农村消费潜力、推动消费结构升级。

此外，正如前文所述，互联网发展带来的价格效应能够降低商品均衡价格；市场范围效应能够给消费者提供更多选择，满足个性化消费需求；收入效应有助于提高农村居民的经营性收入和工资性收入；信贷约束效应则提高了金融资源的配置效率，降低了农村家庭信贷约束，释放了农村家庭的信贷需求。根据绝对收入假说、持久收入假说等经典消费理论可知，收入是影响居民消费的关键因素。农村居民收入增加，减少了农村家庭的消费预算约束，这不仅有助于提高消费能力，扩大消费支出，还会对消费者行为产生重要影响。而消费行为的变化必然会引起消费结构的变化。互联网发展会对农村居民消费行为产生影响，而消费行为决定了人们对商品和服务的购买比例，因而消费者行为的变化使不同消费种类在总消费支出中所占比重发生变化，即消费结构发生变化。因此，互联网发展不仅可以直接推动农村居民消费结构升级，还可以通过收入效应间接影响农村居民消费结构，促进消费结构升级（图3-5）。

根据以上理论分析，本研究提出以下研究假设：

H2-1：互联网发展有助于推动农村居民消费结构升级。

H2-2：互联网发展能够通过收入效应间接促进农村居民消费结构升级。

互联网发展对农村居民消费结构升级影响的作用机理如图3-5所示。

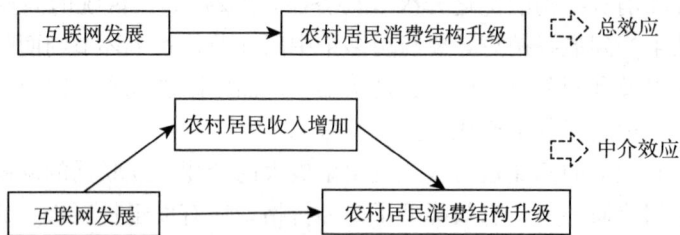

图 3-5　互联网发展、农村居民收入与农村居民消费结构升级

三、互联网发展对城乡居民消费差距影响的理论分析

城乡二元经济结构造成的地区发展差异严重制约我国经济可持续发展（徐敏，2015），而城乡消费差距是城乡差距的最终体现（程名望等，2019）。互联网的发展和普及对城乡间的收入分配产生了深刻的影响，也必然会对城乡居民消费差距产生影响。

本书参照程名望等（2019）的做法，以经典的C—D生产函数和跨期消费模型为基础，构建了一个包含互联网的城乡二元经济结构模型[①]，并通过数理模型推导来阐释二者的关系。

首先，基于我国城乡二元结构，假设只存在两个部门，即农业部门 a 和非农业部门 b，两个部门的投入要素劳动力数量分别为 L_a 和 L_b，总劳动供给为 $L = L_a + L_b$。其中，非农业部门通过雇佣 L_b 单位的劳动力和 K 单位的资本进行生产，其生产函数为：

$$Y_b = K^a L_b^{1-a} \qquad (3-3)$$

---

① 　为使推导简单化，借鉴刘晓光（2015）等的做法，在构建生产函数时，农业部门与非农业部门均不考虑技术进步的影响，假设只有劳动一种投入要素。

式（3-3）中，α 代表非农业部门的资本产出弹性，且 $0 < \alpha < 1$，同时，假设农业部门的劳动力数量为 $L_a = L - L_b$，则农业部门的生产函数为：

$$Y_a = (L - L_b)^\beta \tag{3-4}$$

式（3-4）中，β 代表农业部门的劳动产出弹性，且 $0 < \beta < 1$。随着非农业部门现代服务业的发展，农业部门的劳动力会不断向非农业部门转移。假设总劳动人口不变，两部门的初期劳动数量分别为 L_{a0} 和 L_{b0}，并假设转移人口为：

$$L'' = L_{a0}\, g(\cdot) = (L - L_{b0})\, g(\cdot) \tag{3-5}$$

式（3-5）中，$g(\cdot)$ 表示劳动力转移程度函数，且 $0 < g(\cdot) < 1$。农业部门向非农业部门的劳动力转移受到转移成本的影响，互联网发展减少了城乡间的信息不对称，使得劳动力转移的成本显著降低，因此：

$$g'(\cdot) = \frac{\partial\, g(\cdot)}{\partial\, int} > 0 \tag{3-6}$$

$$L_b = L_{b0} + (L - L_{b0})\, g(\cdot) \tag{3-7}$$

$$L_a = (L - L_{b0}) - (L - L_{b0})\, g(\cdot) = (L - L_{b0})(1 - g(\cdot)) \tag{3-8}$$

其中，int 表示互联网发展水平。假设为完全竞争市场，则农业部门和非农业部门的收入等于劳动边际收益，即：

$$W_b = \frac{\partial\, Y_b}{\partial\, L_b} = (1 - \alpha)K^\alpha L_b^{-\alpha} = (1 - \alpha)K^\alpha \left[L_{b0} + (L - L_{b0})g(\cdot)\right]^{-\alpha} \tag{3-9}$$

$$W_a = \frac{\partial\, Y_a}{\partial\, L_a} = \beta(L - L_b)^{\beta-1} = \beta(L - L_{b0})^{\beta-1}\left[1 - g(\cdot)\right]^{\beta-1} \tag{3-10}$$

其次，假设家庭存在两个时期的消费，第一个时期有收入，第二个时期无收入，家庭不存在其他资产和债务。两个时期的消费分别为 C_1 和 C_2，则两部门家庭的跨期预算约束分别为：

$$W_a = C_{a1} + \frac{C_{a2}}{1 + r_a} \tag{3-11}$$

$$W_b = C_{b1} + \frac{C_{b2}}{1 + r_b} \tag{3-12}$$

其中，r_a 和 r_b 分别表示农业部门和非农业部门的利率。根据生命周期假说和持久收入假说，家庭消费等于持久收入，则第一期的消费和收入的关系为：

$$C_{a1} = k(r_a)W_a \tag{3-13}$$

$$C_{b1} = k(r_b)W_b \tag{3-14}$$

根据式（3-9）、式（3-10）、式（3-13）、式（3-14），可将城乡居民

消费差距（gap）表示为：

$$gap = \frac{C_{b1}}{C_{a1}} = \frac{k(r_b)W_b}{k(r_a)W_a} = \frac{k(r_b)(1-\alpha)K^\alpha[L_{b0}+(L-L_{b0})g(\bullet)]^{-\alpha}}{k(r_a)\beta(L-L_{b0})^{\beta-1}[1-g(\bullet)]^{\beta-1}}$$

$$(3-15)$$

对城乡居民消费差距求互联网发展的导数可得：

$$\frac{\partial gap}{\partial int} = \frac{k(r_b)(1-\alpha)K^\alpha}{k(r_a)\beta(L-L_{b0})^{\beta-1}} \times \frac{\begin{array}{l}-\alpha(L-L_{b0})[L_{b0}+(L-L_{b0})g(\bullet)]^{-\alpha-1}[(1-g(\bullet))^{\beta-1}g'(\bullet)+\\(\beta-1)[L_{b0}+(L-L_{b0})g(\bullet)]^{-\alpha}[1-g(\bullet)]^{\beta-2}g'(\bullet)\end{array}}{[1-g(\bullet)]^{2(\beta-1)}}$$

$$(3-16)$$

其中第一项大于 0，第二项小于 0（$0<\alpha<1, 0<\beta<1$），可得：

$$\frac{\partial gap}{\partial int} < 0 \qquad (3-17)$$

因此，理论模型推导结果表明互联网发展与城乡居民消费差距呈负相关关系，即在控制其他相关变量的前提下，互联网发展能够缓解城乡居民消费差距。

◪ 本章小结 ◤◤◤

　　本章是本书的理论部分，是后文实证研究的基础。因此，在本章第一节中首先对互联网经济理论和居民消费理论进行了介绍；第二节在第一节的理论基础上，分析了互联网发展对农村居民消费水平、消费结构升级和城乡居民消费差距的影响的作用机理，为接下来的实证研究提供理论指导。首先，互联网发展的价格效应能够降低商品均衡价格，市场范围效应能够给消费者提供更多选择，有利于满足个性化的消费需求，收入效应有助于提高农村居民的经营性收入和工资性收入，信贷约束效应则提高了金融资源的配置效率，降低了家庭信贷约束的概率，释放了农村家庭的信贷需求。因此，互联网发展可以通过价格效应、市场范围效应、收入效应和信贷约束效应提高农村居民的消费水平。同时通过对互联网发展的技术效应进行分析可知，互联网发展作为一种网络领域的技术进步，还表现出显著的外部性或溢出效应。其次，互联网发展有助于长尾市场的发展，可以扩大小众商品的生产，以满足消费者的多样化需求，实现居民消费扩张和升级。同时，互联网发展不仅可以直接推动农村居民消费结构升级，还可以通过收入效应间接影响农村居民消费结构，促进消费结构升级。最后，通过数理模型推导，得出互联网发展与城乡居民消费差距呈负相关关系。

互联网发展对农村居民消费水平影响的实证分析

前文通过现状分析和理论分析明确了互联网发展与农村居民消费的关系。本章将通过构建计量模型来实证检验农村互联网发展对农村居民消费水平的影响效应和作用机制。具体结构安排如下：第一节，首先利用双固定效应模型和GMM估计实证检验农村互联网发展对农村居民消费水平的影响效应，并进行稳健性和内生性检验以及区域异质性分析；其次从收入效应和市场范围效应方面对互联网发展影响农村居民消费水平的机制进行实证检验。第二节，首先采用莫兰指数分析农村互联网发展和农村居民消费水平的空间相关性；其次通过构建空间计量模型，实证检验农村互联网发展对农村居民消费水平影响的空间溢出效应。

第一节 互联网发展对农村居民消费水平的影响：基于普通面板模型的考察

一、模型构建与变量选取

（一）模型设定

为考察我国农村互联网发展对农村居民消费水平的影响效应。本节构建如下基准计量模型：

$$CON_{it} = \beta_1 + \beta_2 INT_{it} + \beta_3 X_{it} + \varepsilon_{it} \qquad (4-1)$$

式（4-1）中，i 表示地区，t 表示时间，CON_{it} 表示农村居民消费水平，INT_{it} 表示农村互联网发展水平，X_{it} 表示一组控制变量，ε_{it} 表示随机扰动项。β_1 表示模型的截距项，β_2 是本节关心的核心解释变量的估计系数。

根据消费随机游走假说模型（Hall，1978），当期消费行为会受到前期消费行为的影响，且消费行为一般具有惯性特征（Brown，1952；Mueller，1997）。因此，在模型（4-1）中引入农村居民消费的滞后一期 $CON_{i(t-1)}$，得到的动态面板模型为：

$$CON_{it} = \beta_1 + \beta_2 INT_{it} + \beta_3 CON_{i(t-1)} + \beta_4 X_{it} + \varepsilon_{it} \qquad (4-2)$$

其中，$CON_{i(t-1)}$ 表示滞后一期的农村居民消费水平，其他变量与式（4-1）一致。

同时，为验证收入效应和市场范围效应[①]在互联网发展影响农村居民消费水平中是否具有中介作用，在式（4-1）的基础上，构建如下的中介效应模型：

$$NC_{it} = \gamma_1 + \gamma_2 INT_{it} + \gamma_3 X_{it} + \varepsilon_{it} \qquad (4-3)$$

式（4-3）中，i 表示地区，t 表示时间，NC_{it} 表示机制变量（农村居民人均可支配收入和农村居民网购行为），INT_{it} 表示农村互联网发展水平，X_{it} 表示控制变量，包括产业结构、交通基础设施、城镇化、农村经济发展水平和财政支农水平等，ε_{it} 为随机扰动项。

（二）变量选取

1. 被解释变量：农村居民消费水平

以农村居民人均消费支出反映农村居民的消费水平。

2. 核心解释变量：农村互联网发展水平

关于互联网发展水平的衡量，一般分为单一指标衡量和综合指标衡量两种。就单一指标来看，通常有联网普及率、网民数、网站数、互联网接入户数和移动电话数等；综合指标是用各种统计方法测算出来的综合指数，如用熵值法、层次分析法、主成分分析法等测算互联网发展水平的综合指数。本节所使用的互联网发展水平指数为第二章中采用熵值法测度的 2009—2022 年我国各省份农村互联网发展水平综合指数。同时借鉴赵浩鑫等（2019）的研究，以农村电脑普及率和移动电话普及率作为稳健性检验指标，其中电脑普及率以农村每百人的电脑拥有数量表征，移动电话普及率以农村每百人拥有的移动电话数量衡量。

3. 控制变量

①农民收入水平。根据凯恩斯（1999）绝对收入假说可知，收入是影响消费的关键因素。因此本书将农民收入水平纳入模型的控制变量中，以农村居民人均可支配收入代表农民的收入水平，并对其取对数。②产业结构。产业结构调整是经济增长的重要变量（何德旭，2008），因此产业结构层次能够反映一

---

① 限于数据的可获得性，在机制分析中仅分析了收入效应和市场范围效应的影响路径，无法通过实证检验价格效应和信贷约束效应所发挥的作用。

个地区的经济发展水平。一般来说，一个地区第三产业越发达，产业层次越高，经济发展水平就越高。借鉴崔万田等（2018）的做法，以第三产业产值增加值占地区生产总值的比重作为产业结构的代理变量。③交通基础设施。交通基础设施不仅能够影响生产行为，进而对经济发展产生影响，而且还能直接影响居民的消费行为（郭广珍，2019）。因此，本书将公路密度作为交通基础设施的代理变量。公路密度则用各省（自治区、直辖市）公路里程数与省（自治区、直辖市）面积的比值来衡量。④城乡收入差距。通常来说，农民收入低于城镇居民收入，当城乡收入差距扩大时，农民的收入会相对降低，这制约着农村居民生活水平和消费水平的提升。本书利用城镇居民人均可支配收入与农村居民人均可支配收入的比值来衡量城乡收入差距。⑤农村人口抚养比。有研究表明，人口年龄结构的变动也会对居民消费产生影响（石贝贝，2014；黄燕芬，2019）。本书的人口抚养比包括少儿人口抚养比和老年人口抚养比，具体以农村非劳动年龄人口数与劳动年龄人口数的比值表征。⑥财政支农水平。财政支农水平的提高有利于增加农村居民收入，降低预防性储蓄，进而为扩大消费提供条件（朱建军，2010；兰永生，2015）。本书用各省（自治区、直辖市）财政支出中的农林水利支出占总财政支出的比值来表示。⑦经济开放水平。以各省（自治区、直辖市）进出口额与地区生产总值之比表示，各省进出口额以当年汇率进行了换算。⑧物价水平。以农村居民消费价格指数（CPI）来衡量，同时 CPI 在一定程度上也能反映通货膨胀率。

本书数据为我国 31 个省（自治区、直辖市）2009—2022 年的面板数据，数据主要来源于《中国统计年鉴》《中国农村统计年鉴》《中国人口和就业统计年鉴》《中国信息年鉴》以及省份的统计年鉴、统计公报等。所有变量均由作者通过计算、整理而得。各变量的描述性统计如表 4-1 所示。

表 4-1　变量的描述性统计

变量	变量含义	平均值	标准差	最小值	最大值
CON	农村居民人均消费支出取对数	9.081	0.529	7.783	10.221
INT	农村互联网发展水平综合指数	0.309	0.068	0.085	0.465
INC	农村居民人均可支配收入取对数	9.313	0.5224	7.895	10.589
TER	第三产业产值增加值占地区生产总值的比值	0.471	0.098	0.286	0.838
ROAD	各省区公路里程数与省区面积的比值	0.927	0.541	0.043	2.457
GAP	城乡收入比	2.595	0.509	1.291	4.281
PDR	人口抚养比	37.933	7.165	19.270	56.710
FIS	财政支农水平	0.115	0.033	0.035	0.203
TRA	经济开放水平	0.133	0.141	0.021	0.717
CPI	农村居民消费价格指数	2.317	1.468	−2.461	7.785

二、实证结果与分析

本节的实证分析主要从以下四个方面展开：第一，运用 Stata15.1 软件，采用固定效应模型和 GMM 模型估计农村互联网发展对农村居民消费水平的平均影响；第二，用替换核心解释变量并对样本进行处理的方法做稳健性检验，同时引入具有工具变量的两阶段最小二乘法（IV - 2SLS）克服模型存在的内生性问题；第三，将全国分为东、中、西三大地区，考察农村互联网发展对农村居民消费水平影响的区域差异。

（一）静态面板回归结果

本节首先对式（4 - 1）采用普通固定效应模型进行估计，估计结果如表 4 - 2 所示。回归（1）为核心解释变量对被解释变量的估计结果，回归（2）和回归（3）是加入其他控制变量的估计结果，回归（4）是在回归（3）的基础上考虑时间效应的双向固定效应估计结果。

表 4 - 2 中，回归（1）、回归（3）和回归（4）的豪斯曼检验（Hausman test）结果均通过了 1% 的显著性，拒绝了"随机效应模型有效"的原假设，应选用固定效应方法进行估计，同时回归（2）也给出了随机效应模型的估计结果。从回归（4）中可以看出，农村互联网发展水平综合指数的估计系数为 0.093，且通过了 1% 的显著性检验，这说明农村互联网发展水平提高能够显著提升我国农村居民的消费水平，扩大农村消费规模，这和本书的理论分析结论一致。实际上，1958 年之后，我国实行了严格的户籍管理制度，特别是改革开放之后，我国实行的城市导向型发展政策使我国出现了城乡二元经济结构。滞留在农村未转移到城镇非农业部门的劳动力，由于农业部门生产率低于非农业部门，导致农村居民收入增长低于城镇居民，因而其消费能力也就低于城镇居民，较低的消费能力往往使得农村居民的消费需求得不到满足。此外，农村信贷市场不发达和农民缺乏抵押品和担保能力，也无法充分释放和满足农村居民的消费需求。但随着互联网的发展和应用，为释放农村居民消费需求提供了可能。首先，互联网技术应用于农业生产，可以提高农业生产率，增加农民经营性收入，同时互联网发展促进了农村居民非农就业和创业，提高了农民的工资性收入。其次，互联网技术和金融业结合而产生的互联网金融，改变了传统农村金融受抑制的状态。互联网金融为农村居民提供了新的资金供给渠道，有效弥补了消费需求不足的问题。因此，互联网发展通过收入效应提高了农村居民的消费能力，通过信贷约束效应刺激了农村消费需求，进而实现农村居民消费水平的提高。因此，本书的核心假说 H1 - 1 得到验证。

从控制变量来看，收入对农村居民消费水平的影响系数为 0.163，且在

1%的水平上显著，说明收入对农村居民消费水平具有显著的正向影响。收入是影响农村居民消费的关键性因素，消费函数理论依然成立。交通基础设施的估计系数为 0.256，且在统计上通过了 1% 的显著性检验，说明交通基础设施的完善也有利于农村居民消费水平的提升，这与郭广珍（2019）等的研究结论一致。在回归（3）中，产业结构的估计系数为 0.682，且在 1% 的显著性水平上通过检验，说明产业结构的调整，即服务业的发展有利于扩大农村居民的消费。其原因在于农村外出劳动力在第三产业工作的比例逐渐扩大，服务业的发展有益于外出务工农民获得就业机会，增加收入，从而扩大消费。人口抚养比①的估计系数显著为负，表明农村家庭人口抚养比过高，不利于农村家庭扩大消费（回归（4））。城乡收入差距的估计系数为 −0.257，且通过了 1% 的显著性检验，说明城乡收入差距的扩大不利于农村居民消费水平的提高。此外，财政支农水平提高对农村居民消费水平的影响在统计上不显著。地区经济开放程度对农村居民消费水平产生显著的消极影响。物价水平提高对农村居民消费水平具有负向影响。

表 4 - 2　农村互联网发展对农村居民消费水平影响的估计结果

变量	回归（1）	回归（2）	回归（3）	回归（4）
	FE	RE	FE	FE
INT	1.013***	0.110***	0.146***	0.093***
	(0.022)	(0.019)	(0.025)	(0.019)
INC		0.789***	0.741***	0.163***
		(0.029)	(0.030)	(0.043)
ROAD		−0.012	0.324***	0.256***
		(0.041)	(0.072)	(0.053)
TER		0.782***	0.682***	−0.129
		(0.123)	(0.137)	(0.122)
GAP		−0.286***	−0.223***	−0.257***
		(0.064)	(0.068)	(0.054)
PDR		0.006	−0.078	−0.217***
		(0.051)	(0.056)	(0.053)
FIS		0.555	0.393	0.178
		(0.353)	(0.369)	(0.273)

---

① 萨默斯等宏观经济学家认为人口老龄化会导致过度储蓄，从而降低投资意愿和消费能力，而人口经济学家则普遍认为人口抚养比提高会降低储蓄率。

（续）

变量	回归（1）	回归（2）	回归（3）	回归（4）
	FE	RE	FE	FE
TRA		−0.353***	−0.311***	0.051
		(0.093)	(0.102)	(0.080)
CPI		−0.004	−0.005*	0.002
		(0.003)	(0.003)	(0.005)
时间效应	否	否	否	是
常数项	10.628 3***	1.782 5***	2.277 9***	7.977 6***
	(0.034 5)	(0.347 9)	(0.357 1)	(0.446 1)
N	434	434	434	434
R²	0.842 7		0.969 8	0.985 1

注：*、**和***分别表示数据在10％、5％和1％的水平上显著，括号内为标准误，同表4-2～表4-8。

（二）动态面板回归结果

根据消费随机游走假说模型（Hall，1978），消费者的当期消费行为会受到前期消费行为的影响，且消费行为一般具有惯性特征（Brown，1952；Mueller，1997）。因此，式（4-2）构建了动态面板模型。动态面板估计方法主要有差分GMM（Arellano，1991）和系统GMM两种（Arellano，1990；Bond，1998），而系统GMM比差分GMM拥有更多的样本信息。本书同时报告了两种方法的估计结果（表4-3）。其中，回归（1）仅为核心解释变量对被解释变量的差分GMM估计结果，回归（2）为加入控制变量的差分GMM估计结果，回归（3）仅为核心解释变量对被解释变量的系统GMM估计结果，回归（4）为加入控制变量的系统GMM估计结果。在表4-3中，回归（1）～（4）的AR（1）均通过了1％的显著性检验，说明差分后的扰动项存在一阶自相关，而AR（2）均未通过显著性检验，接受了"差分后的扰动项不存在二阶自相关"的原假设。由Sargan检验结果可知，回归（1）～（4）的模型估计均不存在过度识别问题，设定的工具变量具有有效性。

由表4-3的结果可知，被解释变量即农村居民消费水平的一阶滞后项始终在1％的水平上显著为正，这说明当期的消费受到过去消费行为的影响，农村居民消费存在消费惯性（毕玉江，2016），消费惯性也是影响农村居民消费水平变化的重要因素，这与臧旭恒（2019）等研究结论保持一致。从核心解释变量来看，在差分GMM模型和系统GMM模型中，农村互联网发展水平的估计系数分别为0.122和0.043，分别通过了1％和5％的显著性检验。这说明农村互联网发展对农村居民消费水平具有促进作用，有利于扩大消费规模。这与普通固定效应模型的估计结果保持一致。同时，系数的绝对值略小于普通固定效应模型的估计结果。

从控制变量来看，农村居民人均可支配收入的提升有利于推动农村居民消费增长，而城乡收入差距扩大不利于农村居民消费水平的提高，这也与普通面板固定效应模型的估计结果基本保持一致。

表 4-3　农村互联网发展对农村居民消费水平影响的 GMM 估计结果

变量	回归（1）	回归（2）	回归（3）	回归（4）
	差分 GMM	差分 GMM	系统 GMM	系统 GMM
L. CON	0.855 ***	0.605 ***	0.896 ***	0.660 ***
	(0.006)	(0.019)	(0.005)	(0.023)
INT	0.096 ***	0.122 ***	0.023 ***	0.043 **
	(0.007)	(0.017)	(0.006)	(0.018)
控制变量	否	是	否	是
常数项	1.563 ***	1.391 ***	1.083 ***	0.650
	(0.061)	(0.403)	(0.050)	(0.459)
AR（1）	−4.940 5	−4.844 9	−4.933 9	−4.791 8
	$P=0.000\,0$	$P=0.000\,0$	$P=0.000\,0$	$P=0.000\,1$
AR（2）	1.363 9	1.301 3	1.266 3	1.379 7
	$P=0.172\,6$	$P=0.193\,1$	$P=0.205\,4$	$P=0.167\,7$
Sargan test	30.810 8	30.016 6	30.657 0	29.961 7
	$P=1.000\,0$	$P=1.000\,0$	$P=1.000\,0$	$P=1.000\,0$
N	372	372	403	403

（三）稳健性检验与内生性处理

1. 稳健性检验

为验证前文中所得估计结果的稳健性，本节采用替换核心解释变量和进行样本处理两种方式进行稳健性检验。第一，替换核心解释变量，以农村移动电话普及率（INT1）和农村电脑普及率（INT2）替换农村互联网发展水平（INT），农村移动电话普及率以农村居民每百人拥有的移动电话数量表征，农村电脑普及率以农村居民每百人拥有的电脑数量表征。第二，进行样本处理，删除样本中的四个直辖市重新进行估计。表 4-4 汇报了两种方式的稳健性检验结果。其中，回归（1）和回归（3）为移动电话普及率的估计结果，回归（2）和回归（4）为电脑普及率的估计结果，回归（5）和回归（6）为删除四个直辖市后的估计结果。由表 4-4 可知，农村移动电话普及率和电脑普及率对农村居民消费水平均有显著的正向影响，且在固定效应模型和系统 GMM 模型下结论均成立。删除四个直辖市后，农村互联网的发展对农村居民消费水平依然有显著的正向影响。这表明前文的研究结论呈现出较好的稳健性。

表 4-4 稳健性检验结果：替换核心解释变量与样本处理

变量	回归（1）	回归（2）	回归（3）	回归（4）	回归（5）	回归（6）
	FE	FE	系统 GMM	系统 GMM	FE	系统 GMM
CON（-1）			0.652***	0.611***		0.620***
			(0.023)	(0.019)		(0.020)
INT					0.221***	0.040*
					(0.026)	(0.022)
INT1	0.231***		0.188***			
	(0.034)		(0.022)			
INT2		0.137***		0.127***		
		(0.014)		(0.012)		
控制变量	控制	控制	控制	控制	控制	控制
常数项	1.527***	2.700***	0.095	1.252***	2.690***	1.123***
	(0.304)	(0.329)	(0.205)	(0.278)	(0.376)	(0.386)
N	434	434	403	403	378	351

2. 内生性处理

一般而言，内生性问题的产生主要有三个原因：测量误差、遗漏变量以及联立因果（陈强，2014）。第一，测量误差问题。由于本节所采用的数据来自国家（地方）统计部门的统计数据，数据具有一定的可信度和权威性，同时在数据处理上消除了异常值，因而不存在测量误差的内生性问题。第二，遗漏变量问题。本节采用固定效应模型，并控制了同类文献中常用来影响农村居民消费水平的解释变量，同时引入被解释变量滞后一期作为解释变量，解决可能存在的遗漏变量问题。第三，对于可能存在的联立因果问题，本节拟采用工具变量法解决。有效的工具变量必须满足两个条件，即相关性和外生性（Staiger，1994）。目前有较多的学者采用解释变量的滞后期作为工具变量（Barroand，1994；韩宝国，2014），由于滞后变量与当期值高度相关，而且与当期误差项不相关，因此符合工具变量的基本要求。本节借鉴已有研究（郭家堂，2016；罗超平，2021），选择农村互联网发展水平的滞后一期作为工具变量对基准模型进行 IV-2SLS 再估计，估计结果如表 4-5 所示。

使用工具变量进行实证分析之前，须对工具变量的有效性进行检验，具体包括弱工具变量检验和不可之别检验（陈强，2014）①。本节将采用 *Anderson LM* 统计量和 *Cragg-Donald Wald F* 统计量分别进行"工具变量不可识别检验"和"弱工具变量检验"。检验结果显示，*Anderson LM* 统计量为257.321，且在1%的水平上通过显著性检验，说明选取的工具变量解释变量滞后一期的值不存在不可识别问题。*Cragg-Donald Wald F* 统计量为814.512，远远大于 *Stock-Yogo* 检验10%偏误下16.38的临界值，可以拒绝"存在弱工具变量"的原假设。

表4-5的估计结果显示，农村互联网发展水平综合指数的估计系数为0.046，且通过了1%的显著性检验，与前文的估计结果相比，在符号和显著性上保持一致；其他控制变量的回归结果与前文相比，也具有较高的一致性。因此，可以看出在使用工具变量克服内生性问题后，依然可以得到农村互联网的发展提高了农村居民消费水平的研究结论，这也再次验证了前文所得结论的稳健性和可靠性。

表4-5　内生性处理：IV-2SLS 估计结果

	INT	INC	ROAD	TER	GAP	PDR	FIS	TRA	CPI
CON	0.046***	0.875***	−0.066***	0.417***	−0.008	0.121***	0.121***	−0.145**	−0.025***
	(0.012)	(0.042)	(0.022)	(0.126)	(0.069)	(0.043)	(0.043)	(0.072)	(0.006)

（四）异质性分析

由于我国幅员辽阔，存在较大的区域异质性。因此，本部分考虑到我国各地区发展不均衡，根据国家统计局对经济发展水平的划分，将全国分为东、中、西三大地区，以考察农村互联网发展对农村居民消费水平影响的区域差异（表4-6）。

表4-6　分地区农村互联网发展对农村居民消费水平影响的估计结果

变量	回归（1）	回归（2）	回归（3）
	东部地区	中部地区	西部地区
INT	0.210**	0.113**	0.239***
	(0.082)	(0.051)	(0.041)

① 在对工具变量进行有效性检验之前还要进行 Hausman 检验，以确定农村互联网发展水平是否为内生变量。Hausman 检验结果显示 chi^2（9）=71.40，且通过了1%的显著性检验，拒绝了"所有解释变量均为外生的"原假设，即互联网发展为内生变量。

（续）

变量	回归（1）	回归（2）	回归（3）
	东部地区	中部地区	西部地区
INC	0.426 ***	0.966 ***	0.532 ***
	(0.113)	(0.064)	(0.045)
ROAD	0.304	0.364 ***	0.418 ***
	(0.373)	(0.074)	(0.122)
TER	2.568 ***	0.719 ***	0.357
	(0.543)	(0.151)	(0.251)
GAP	−0.720 ***	0.658 ***	−0.532 ***
	(0.168)	(0.161)	(0.126)
PDR	0.099	0.272 ***	−0.162
	(0.136)	(0.086)	(0.119)
FIS	0.787	−1.627 ***	1.044 *
	(1.434)	(0.513)	(0.587)
TRA	−0.004	0.067	−0.855 ***
	(0.283)	(0.348)	(0.200)
CPI	0.003	−0.007 **	−0.008
	(0.008)	(0.003)	(0.005)
常数项	4.450 ***	−1.798 *	5.296 ***
	(0.959)	(0.921)	(0.696)
N	154	112	168
R^2	0.906	0.992	0.970

如表4－6所示，农村互联网发展对东部、中部和西部地区的农村居民消费水平的影响效应分别为0.210、0.113和0.239，且在统计上至少通过了10％的显著性检验。这说明农村互联网发展对东、中、西部地区的农村居民消费水平提升均具有显著促进作用。从系数值大小来看，农村互联网发展对中西部地区农村居民消费水平提升的影响效应强于东部地区。这可能是由于互联网技术的发展和普及，加强了社会的互联互通，促进了资源的优化配置和信息共享，有效弥补了中西部农村地区由于交通等基础设施不完善、金融服务单一、服务质量低下以及生产和生活性消费产品种类单一等导致的农村居民消费需求无法充分释放和满足的问题。

另外，从收入来看，无论是东部、中部还是西部地区，农村互联网发展对农村居民消费水平的提高均具有显著的促进作用，且对中部地区的影响强于东部地区和西部地区。中西部地区交通基础设施的完善能够显著提升农村居民的消费水平，且影响效应强于东部地区。这可能是由于中西部地区交通基础设施落后于东部地区，而完善交通基础设施所产生的消费提升的边际效应更显著。因此，加强中西部地区交通基础设施建设对促进农村居民消费的作用更明显。产业结构升级对东中部农村居民消费水平提升有显著影响，而对西部地区的影响在统计上不显著。

三、机制检验

（一）收入效应

在确定了农村互联网发展对农村居民消费水平的因果效应及其异质性后，为进一步厘清两者间存在的内在机制，本部分依据理论分析，首先采用逐步回归法检验收入效应在农村互联网发展影响农村居民消费水平中的中介效应，然后进一步利用非参数 Bootstrap 法进行再检验。检验结果如表 4-7 所示。

表 4-7　收入效应的检验结果

方法	变量	FE			GMM 系统		
		回归（1）	回归（2）	回归（3）	回归（4）	回归（5）	回归（6）
		Y=消费水平	Y=收入	Y=消费水平	Y=消费水平	Y=收入	Y=消费水平
逐步回归法	L. CON				0.819***		0.660***
					(0.020)		(0.023)
	L. INC					0.587***	
						(0.016)	
	INT	0.473***	0.442***	0.146***	0.052***	0.078***	0.043**
		(0.034)	(0.036)	(0.025)	(0.017)	(0.014)	(0.018)
	INC			0.741***			0.250***
				(0.030)			(0.022)
	控制变量	控制	控制	控制	控制	控制	控制
	_cons	9.132***	9.248***	2.278***	1.679***	4.354***	0.650
		(0.368)	(0.389)	(0.357)	(0.269)	(0.187)	(0.459)
	N	434	434	434	403	403	403

方法	类别	效应估计	Percentile 95% CI		Bias-corrected 95% CI	
			下限	上限	下限	上限
Bootstrap 法	直接效应	0.157***	0.112 6	0.193 9	0.115 9	0.197 0
	间接效应	0.047**	0.008 9	0.089 2	0.012 9	0.091 0

回归（1）～（3）采用的是固定效应模型进行估计，回归（4）～（6）采

用系统 GMM 模型进行估计。根据逐步回归法检验结果可知，在不考虑中介变量的情况下，农村互联网发展对农村居民消费水平的影响均显著为正［表 4-7 上半部分，回归（1）和回归（4）］。然后再考虑核心解释变量对中介变量的影响。可以看出，加入控制变量后农村互联网发展对农村人均可支配收入的影响均显著为正［表 4-7 上半部分，回归（2）和（5）］，表明互联网发展水平提高有利于农村居民增收。表 4-7 中的回归（3）和回归（6）同时考虑了核心解释变量和中介变量对被解释变量的影响。可以看出，农村互联网发展和农民收入对农村居民消费水平的影响效应分别为 0.043 和 0.250 ［回归（6）］，且至少通过了 5% 的显著性检验，这表明收入在农村互联网发展对农村居民消费水平扩张的影响中发挥了部分中介效应，即互联网发展的收入效应存在。因此，本书的研究假设 H1-2 得到了部分验证。

虽然逐步回归法是检验中介效应最流行的分析方法之一，但近年来其合理性和有效性也受到越来越多的质疑和批评。因此，进一步采用 Bootstrap 方法（抽样 5000 次，置信区间为 95%）对收入的中介效应进行再检验，以保证研究结果的可靠性。通过 Bootstrap 检验可知（表 4-7 下半部分），直接效应和间接效应（中介效应）的置信区间均不包含 0，说明农村互联网的发展可以提高农村居民收入，进而扩大消费，提高农村居民消费水平，且收入发挥着部分中介效应。

（二）市场范围效应

互联网技术的发展和应用，提高了市场的匹配能力，降低了信息的搜寻成本，提升了市场效率，进而有助于减少市场失灵，扩大原有产品的市场范围和开拓新的市场。为验证互联网发展的市场范围效应，本部分依然采用中介效应模型和非参数 Bootstrap 法进行检验。检验结果如表 4-8 所示[1]。

分析表中估计结果可知，在不考虑中介变量的情况下，互联网的使用对农户消费水平的影响显著为正［表 4-8 上半部分，回归（1）］。然后再考虑核心解释变量对中介变量的影响。可以看出，加入控制变量后互联网的使用对农户网络购物[2]行为具有显著的促进作用［表 4-8 上半部分，回归（2）］。表 4-8 中回归（3）同时考虑了核心解释变量和中介变量对被解释变量的影响。可以看出，互联网的使用和网络购物对农户消费水平的影响效应分别为 0.103 和 0.198，且通过了 1% 的显著性检验。这表明互联网的使用和网络购物行为均

---

① 由于缺乏相关数据，对互联网发展的市场范围效应的检验采用微观数据进行分析。具体的数据样本分析及变量的选取和设定见本书的第五章第二节，此处不再详细说明。

② 互联网发展引起的市场范围的变化，最直接的体现就是市场规模扩大，即消费者在网络市场上可随时搜索和购买商品，扩大了选择范围。因此借鉴李旭洋等（2020）的做法，以家庭是否有网络购物行为表征互联网的市场范围效应。

能有效提高农户消费水平，且网络购物行为在互联网的使用对农户消费水平提升的影响中发挥了部分中介效应，即互联网发展的市场范围效应存在。因此，本书的研究假设 H1-2 得到了部分验证。

进一步采用 Bootstrap 方法（抽样 5 000 次，置信区间为 95%）对互联网发展的市场范围效应进行再检验，以保证研究结果的可靠性。通过 Bootstrap 检验可知（表 4-8 下半部分），直接效应和间接效应（中介效应）的置信区间均不包含 0，即中介效应存在，也就是说互联网发展可以通过影响市场范围效应进而影响农村居民的消费水平。

表 4-8　市场范围效应的检验结果

方法	变量	回归（1）Y=消费水平	回归（2）Y=网络购物	回归（3）Y=消费水平
逐步回归法	互联网使用	0.179***	0.384***	0.103***
		(0.025 9)	(0.010 7)	(0.029 1)
	网络购物			0.198***
				(0.035 1)
	控制变量	控制	控制	控制
	cons	2.226	5.346***	1.167
		(1.802)	(0.747)	(1.806)
	N	4 709	4 709	4 709
	R^2	0.216	0.467	0.222

方法	类别	效应估计	Percentile 95% CI		Bias-corrected 95% CI	
			下限	上限	下限	上限
Bootstrap 法	直接效应	0.162 3	0.112 0	0.213 5	0.112 8	0.214 9
	间接效应	0.054 7	0.041 6	0.068 9	0.041 4	0.068 2

第二节　互联网发展对农村居民消费水平的影响：基于空间计量模型的考察

一、模型构建与变量选取

（一）空间计量模型

地理学第一定律认为，任何事物之间都必然存在着某种相关性，只是相近事物间的这种相关性更强（Tobler，1970）。根据理论分析发现，互联网技术的发展对农村居民消费存在空间溢出效应。在进行研究时，若只考虑互联网发展对本地区农村居民消费的影响，而忽视地区间的空间关联性，可能会得出有偏误的研究结果。因此，在研究互联网发展对农村居民消费的影响效应时，还应考虑地区间的空间关联性，分析其空间溢出效应[①]。空间计量模型能够有效分析要素间存在的空间效应，尤其是研究要素之间存在的空间自相关关系时，用空间计量模型进行估计能使研究结果更为准确。构建如下计量模型：

$$\begin{cases} Y_{it} = \rho \sum\limits_{i,j=1}^{31} W_{ij} Y_{it} + \beta X_{it} + \theta \sum\limits_{i,j=1}^{31} W_{ij} X_{it} + \varepsilon_{it} \\ \varepsilon_{it} = \lambda \sum\limits_{i,j=1}^{31} W_{ij} \varepsilon_{it} + \varphi \end{cases} \qquad (4-4)$$

式（4-4）中，Y_{it} 表示 i 省份 t 年的农村居民消费支出；X_{it} 表示解释变量；ρ 和 λ 表示空间自相关系数；β 表示解释变量的系数；θ 表示解释变量的空间溢出系数；W_{ij} 表示空间权重矩阵；ε_{it} 表示误差项。空间杜宾模型（SDM）是一般化形式，空间滞后模型（SLM）和空间误差模型（SEM）是空间杜宾模型（SDM）的特殊形式。当 SDM 模型中的 $\theta = 0$，$\lambda = 0$ 且 $\rho \neq 0$ 时，式（4-4）可简化为空间滞后模型（SLM）；当 $\theta = 0$，$\rho = 0$ 且 $\lambda \neq 0$ 时，式（4-4）可简化为空间误差模型（SEM）。在具体研究中，需要通过模型诊断检验来识别最佳的模型形式，如 LM 检验、LR 检验和 Wald 检验等。

（二）空间权重矩阵

设置空间权重矩阵测量区域间的空间距离是进行空间计量分析的前提，只有这样才能准确衡量出空间溢出效应。借鉴已有文献（张学良，2012；谭昶，2019），本书选取邻接矩阵（W1）、地理距离矩阵（W2）和经济距离矩阵（W3）三种权重矩阵进行分析，使实证结果更具稳健性。

1. 邻接矩阵（W1）

邻接矩阵是空间计量分析中常用的权重矩阵设定形式。一般两地区相邻，则取值为 1，否则取值为 0。本书选取 31 个省（自治区、直辖市）的空间相邻关系构建了邻接矩阵。

$$W_{ij} = \begin{cases} 1 & \text{若两个省份相邻} \\ 0 & \text{若两个省份不相邻} \end{cases} \qquad (4-5)$$

2. 地理距离矩阵（W2）

有较多的学者采用邻接矩阵进行研究（周慧等，2017），但邻接矩阵也存在一定的缺陷，其假定条件为相邻地区才会产生相互影响，这与社会经济发展

[①] 空间效应包括空间相关性和空间异质性。空间相关性是指一地所发生的事件、行为与现象，会直接或间接影响另一地发生的事件、行为和现象；空间异质性是由于所处的区位位置不同而存在的差异性，也等同于区域异质性。空间计量模型重点关注的是空间相关性。

不完全相符。因此有学者提出了用其他矩阵来替代邻接矩阵，如地理距离矩阵或经济距离矩阵（魏下海，2010；骆永民，2012）。本书的地理距离矩阵是根据各省省会城市直线距离平方的倒数来计算。

$$W_{ij} = \frac{1}{d_{ij}^2} \tag{4-6}$$

式（4-6）中，d_{ij} 表示省会城市 i 与省会城市 j 在地理上的直线距离。

3. 经济距离矩阵（W3）

经济距离矩阵是基于各省人均 GDP 差额的绝对值的倒数计算而得。

$$W_{ij} = \frac{1}{|P_i - P_j|} \tag{4-7}$$

式（4-7）中，P_i 和 P_j 分别表示两个省份的人均 GDP。一般认为，地区之间的收入差距越大，所对应的权重就越小，而收入差距越小，所对应的权重越大。因此，采用地区间人均 GDP 差额的绝对值的倒数表示经济距离矩阵。

（三）变量选取

1. 被解释变量：农村居民消费水平

以农村居民人均消费支出反映农村居民消费水平，并对其作对数处理。

2. 核心解释变量：农村互联网发展水平

使用第二章运用熵值法测度的 2009—2022 年各省份的农村互联网发展水平综合指数。

3. 控制变量

①农民收入水平。以农村居民人均可支配收入代表农民的收入水平，并对其取对数。②产业结构。以第三产业产值增加值占地区生产总值的比重作为产业结构的代理变量。③交通基础设施。本书将公路密度作为交通基础设施的代理变量，而公路密度则用各省（自治区、直辖市）公路里程数与省区面积的比值来衡量。④城乡收入差距。利用城镇居民人均可支配收入与农村居民人均可支配收入的比值来衡量。⑤人口抚养比。本书的人口抚养比包括少儿人口抚养比和老年人口抚养比，以非劳动年龄人口数与劳动年龄人口数之比来表征。⑥财政支农水平。用各省份财政支出中的农林水利支出占总财政支出的比值来表示。⑦经济开放水平。以各省份进出口额与地区生产总值的比值来表示，各省份进出额以当年汇率进行了换算。

本书的数据主要来源于《中国统计年鉴》《中国农村统计年鉴》《中国人口和就业统计年鉴》以及省份统计年鉴和统计资料。最终选取我国 31 个省（自治区、直辖市）2009—2022 年的面板数据，所有变量均由作者通过计算、整理而得。各变量的描述性统计如表 4-9 所示。

表 4 - 9　变量的描述性统计

变量	变量含义	平均值	标准差	最小值	最大值
CON	农村居民人均消费支出取对数	9.081	0.529 1	7.783 0	10.221 3
INT	农村互联网发展水平	0.309	0.068	0.085	0.465
INC	农村居民人均可支配收入取对数	9.313	0.522 4	7.895	10.589 8
TER	第三产业产值增加值占地区生产总值的比值	0.471	0.098 0	0.286 2	0.838 7
ROAD	各省区公路里程数与省区面积的比值	0.927	0.541 5	0.043 8	2.457 9
GAP	城乡收入比	2.595	0.509 2	1.291 4	4.280 9
PDR	人口抚养比	37.933	7.165 8	19.270 0	56.710 0
FIS	财政支农水平	0.115	0.033 8	0.035 9	0.203 8
TRA	经济开放水平	0.133	0.141 1	0.021 9	0.717 6

二、空间相关性分析

研究对象是否具有空间自相关性，是判断使用空间计量模型还是普通面板模型的重要参考依据。一般常用 Moran's I 指数和 Geary 指数检验研究对象的空间自相关性（谭昶，2019）。本书借鉴已有文献的做法，采用全局莫兰指数和局部莫兰指数测算 2009—2022 年农村居民消费水平是否存在空间自相关性。

1. 全局莫兰指数（Moran's I）

全局莫兰指数的公式如下：

$$I = \frac{\sum_{i=1}^{n} \sum_{j=1}^{n} w_{ij}(x_i - \overline{x})(x_j - \overline{x})}{S^2 \sum_{i=1}^{n} \sum_{j=1}^{n} w_{ij}} \tag{4-8}$$

其中，$S^2 = \dfrac{\sum_{i=1}^{n}(x_i - \overline{x})^2}{n}$ 为样本方差，w_{ij} 表示空间权重矩阵。全局莫兰指数（Moran's I）的取值范围介于 −1~1。若取值大于 0 则表示空间正自相关，取值小于 0 则表示空间负自相关。运用构建的三种空间权重矩阵，分别检验了 2009—2022 年我国 31 个省份农村居民消费水平的全局莫兰指数，结果如表 4 - 10 所示。

可以看出，在邻接矩阵下，2009—2022 年我国各省份农村居民消费水平的全局莫兰指数（Moran's I）在 0.392~0.571，且均在 1% 的水平上显著。在地理距离矩阵下，农村居民人均消费支出在 2009—2022 年的全局莫兰指数（Moran's I）均大于 0.332，且通过了 1% 的显著性检验。在经济距离矩阵下，2009—2022 年我国各省份农村居民消费水平的全局莫兰指数（Moran's I）在 0.423～0.685，且均在 1％的水平上显著。这表明我国各省份农村居民消费水平具有明显的空间相关性，且具有空间集聚的特征。因此，选用空间计量模型研究农村互联网发展对农村居民消费水平的影响，能够充分考虑空间溢出效应，具有一定的合理性。

表 4－10 三种空间权重矩阵下农村居民消费水平的全局莫兰指数

年份	全局莫兰指数		
	邻接矩阵（W1）	地理距离矩阵（W2）	经济距离矩阵（W3）
2009	0.392 *** （3.685）	0.332 *** （4.088）	0.685 *** （5.811）
2010	0.442 *** （4.126）	0.365 *** （4.451）	0.680 *** （5.769）
2011	0.453 *** （4.174）	0.377 *** （4.547）	0.667 *** （5.610）
2012	0.436 *** （4.022）	0.380 *** （4.570）	0.657 *** （5.514）
2013	0.433 *** （3.984）	0.380 *** （4.563）	0.684 *** （5.721）
2014	0.435 *** （3.961）	0.383 *** （4.550）	0.596 *** （4.967）
2015	0.470 *** （4.260）	0.401 *** （4.743）	0.603 *** （5.027）
2016	0.473 *** （4.273）	0.401 *** （4.730）	0.587 *** （4.885）
2017	0.465 *** （4.206）	0.386 *** （4.567）	0.591 *** （4.920）
2018	0.462 *** （4.178）	0.387 *** （4.565）	0.562 *** （4.682）
2019	0.475 *** （4.287）	0.398 *** （4.693）	0.554 *** （4.618）
2020	0.477 *** （4.312）	0.389 *** （4.602）	0.509 *** （4.281）
2021	0.523 *** （4.710）	0.408 *** （4.815）	0.502 *** （4.226）
2022	0.571 *** （5.081）	0.442 *** （5.152）	0.423 *** （3.582）

注：*、** 和 *** 分别表示数据在 10％、5％和 1％的水平上显著，括号内为 z 值。

2. 局部莫兰指数

为了进一步分析农村居民消费水平和农村互联网发展的空间相关性，接下来采用局部莫兰指数来检验农村居民消费水平和农村互联网发展水平的空间分布状况。局部莫兰指数可以通过莫兰散点图来反映区域的空间集聚情况。莫兰散点图的四个象限依次表现为高—高集聚、低—高集聚、低—低集聚和高—低集聚的空间特征。图 4－1 为邻接矩阵下我国 31 个省份 2009 年、2013 年、2017 年和 2021 年农村居民消费水平的莫兰散点图，图 4－2 为邻接矩阵下我国 31 个省份 2009 年、2013 年、2017 年和 2021 年农村互联网发展水平的莫兰散点图①。

---

① 限于篇幅，仅展示了邻接矩阵下 2009 年、2013 年、2017 年和 2021 年的莫兰散点图。地理距离矩阵和经济距离矩阵所得结果与邻接矩阵的结果基本保持一致。

从图 4 - 1 中可以看出，在邻接矩阵下，绝大多数省份农村居民消费水平的莫兰散点图分布在第一、三象限，再次证明我国各省份农村居民消费水平存在明显的空间相关性。具体来看，第一象限主要包括北京、天津、上海、江苏、浙江等东部经济发达的省份，表现为农村居民消费支出的高—高（H—H）集聚。第三象限主要包括贵州、云南、新疆、宁夏等西部欠发达省份以及山西、陕西等少数中部省份，表现为农村居民消费支出的低—低（L—L）集聚，即低消费省份被低消费省份包围。这反映出我国省域农村居民消费支出在空间分布上具有不平衡性，各省份间呈现出显著的"高—高（H—H）"、"低—低（L—L）"空间集聚特征。同时在经济发展水平较高的东部沿海省份，农村居民消费支出较高，而经济发展水平较低的中西部省份，农村居民消费支出较低。

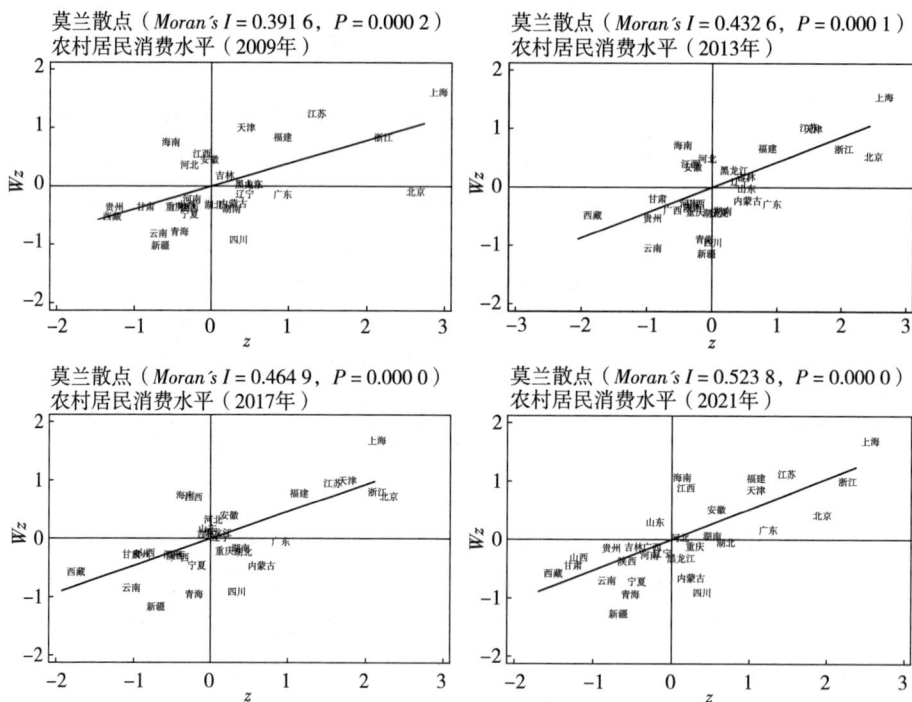

图 4 - 1　邻接矩阵下 2009 年、2013 年、2017 年和 2021 年
农村居民消费水平的莫兰散点图

从图 4 - 2 中可以看出，在邻接矩阵下，农村互联网发展水平的莫兰指数在 2009 年并不显著，但在 2013 年、2017 年和 2021 年均显著，且数值和显著性逐渐增大。这说明我国各省份农村互联网发展水平也存在明显的空间正相关性，且聚集特征逐渐增强。具体来看，第一象限主要包括江苏、浙江、山东、

上海等东部经济发达的省份，表现为农村互联网发展水平的高—高（H—H）集聚。第三象限主要包括内蒙古、陕西、云南等中西部省份，表现为农村互联网发展水平的低—低（L—L）集聚。这反映出我国各省份农村互联网发展水平在空间上分布的非均质性，各省份间呈现出显著的"高—高（H—H）""低—低（L—L）"空间集聚特征。另外，从分布的数量来看，位于第二、三象限的省份较多，也说明我国中西部地区农村互联网发展水平还较低，有待进一步提升。从莫兰散点图来看，通过构建空间计量模型来检验农村互联网发展对农村居民消费水平的影响效应是合理且有必要的。

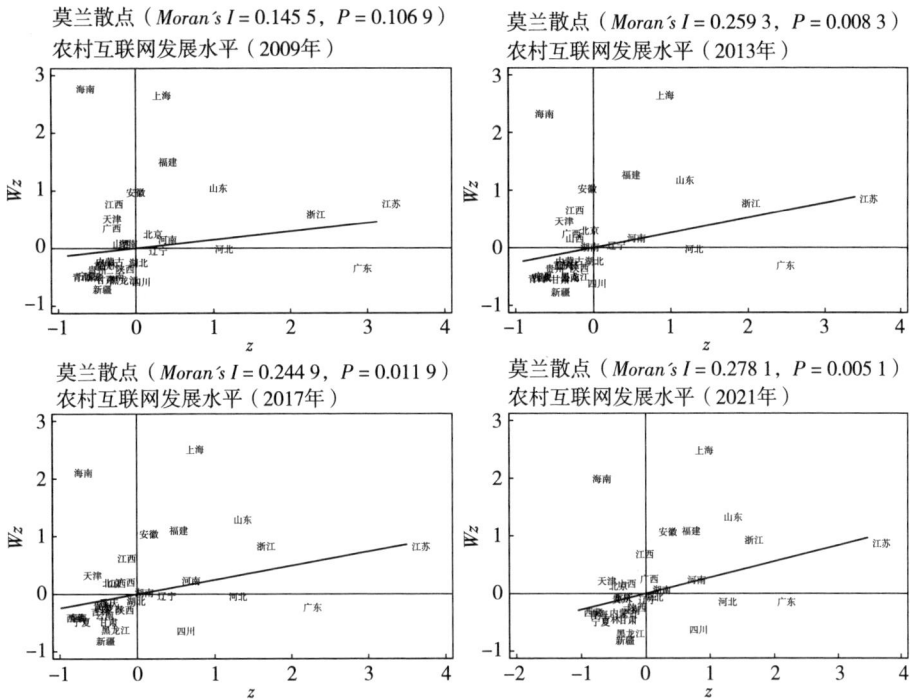

图 4-2　邻接矩阵下 2009 年、2013 年、2017 年和 2021 年农村互联网发展水平的莫兰散点图

三、实证检验与结果分析

（一）模型检验与识别

根据空间相关性的检验结果可知，我国各省份农村居民消费水平和农村互联网发展水平均存在显著的正向空间相关性。因此，需要通过构建空间计量模型进行估计。空间计量模型的具体形式，需要通过模型的检验进行识别。具体分为以下三步：首先，对空间计量模型进行 Hausman 检验，判断应采用固定

效应还是随机效应。然后，通过 LM 和 Robust LM 检验，判断其空间依赖的具体形式（空间滞后或者空间误差）。最后，运用 Wald 检验和 LR 检验来判定空间杜宾模型是否可以简化为空间滞后模型或空间误差模型。模型的检验结果如表 4 - 11 所示①。

表 4 - 11 中，Hausman 检验结果显示，在 1% 的显著性水平下拒绝原假设，说明应选择固定效应模型。根据 LM 和 Robust LM 检验可以看出，空间滞后模型的 *LM Spatial lag* 和 *Robust LM Spatial lag* 均通过了 1% 的显著性检验，拒绝了无空间滞后的原假设。空间误差模型的 *LM Spatial error* 通过了 1% 的显著性检验，拒绝了无空间误差的原假设，但 *Robust LM Spatial error* 未通过显著性检验。因此不能忽视互联网发展对农村居民消费水平影响的空间效应。初步判定应选择空间杜宾模型进行分析。Wald 检验和 LR 检验结果显示，均在 1% 的显著性水平下拒绝原假设，说明空间杜宾模型不能够简化为空间滞后模型和空间误差模型。综上所述，本研究的最佳模型为空间杜宾固定效应模型。

表 4 - 11　空间计量模型检验结果（W1）

普通 OLS 模型检验	统计量	P	空间面板模型检验	统计量	P
LM Spatial error	10.730	0.000	*Wald Spatial error*	36.40	0.000
Robust LM Spatial error	2.150	0.143	*LR Spatial error*	193.44	0.000
LM Spatial lag	65.580	0.000	*Wald Spatial lag*	37.00	0.000
Robust LM Spatial lag	57.000	0.000	*LR Spatial lag*	102.94	0.000
F 值	711.76	0.000	*Hausman*	66.92	0.000

（二）空间计量模型估计结果

表 4 - 12 报告了邻接矩阵、地理距离矩阵和经济距离矩阵下农村互联网发展对农村居民消费水平影响的空间杜宾模型估计结果。从回归结果的对数似然比值和 R^2 来看，构建的模型解释力较强。从空间相关系数来看，三种空间权重矩阵下，模型的空间相关系数 ρ 均显著为正，说明各省份间的农村居民消费水平有显著的空间正向关联效应和空间溢出效应②。

---

①　表中仅为邻接矩阵下的检验结果，地理距离矩阵和经济距离矩阵下的检验结果也均证明空间杜宾模型为最佳的模型形式。

②　互联网发展作为一种网络领域的技术进步，还表现出显著的外部性或溢出效应（Androutsos，2011）。当一个地区的农村居民利用互联网技术获得收益后，邻近地区的农村居民会逐渐开始利用这项技术。同时，加上消费的示范效应，就使得互联网对农村居民消费可能产生空间溢出效应。空间溢出效应是指邻近地区农村互联网发展对本地区农村居民消费的影响。

由表 4 - 12 可知，在邻接矩阵下，农村互联网发展水平的估计系数为
0.114，且通过了 1% 的显著性检验；在地理距离矩阵下，农村互联网发展水
平的估计系数为 0.086，且通过了 1% 的显著性检验；在经济距离矩阵下，农
村互联网发展水平的估计系数为 0.044，且在 5% 的显著性水平上显著。这表
明农村互联网发展水平的提高有助于农村居民消费水平的提升，这与刘湖
（2016）等的研究结论保持一致，且与前文检验结果相呼应，也进一步说明所
得结论具有较强的稳健性。

从互联网发展的空间滞后项来看，经济距离矩阵下的空间滞后项显著为
正，邻接矩阵和地理距离矩阵下的空间滞后项在统计上不显著，这说明农村互
联网发展对农村居民消费水平的影响具有显著的正向空间溢出效应。但由于上
述空间相关系数显著不为 0，即农村互联网发展对农村居民消费水平影响的边
际效应并不是这些系数。其直接效应和空间溢出效应还有待进一步进行效应分
解分析。

从控制变量来看，农民收入水平、交通基础设施在三种空间权重矩阵下的
估计系数均显著为正，说明收入水平提升与交通基础设施完善对农村居民消费
扩张均具有积极意义。城乡收入差距和人口抚养比在三种空间权重矩阵下的估
计系数均显著为负，说明城乡收入差距扩大和农村家庭人口抚养比过高，均不
利于农村家庭扩大消费。

表 4 - 12　农村互联网发展对农村居民消费水平影响的 SDM 估计结果

变量	(1) W1		(2) W2		(3) W3	
	系数	Wx	系数	Wx	系数	Wx
INT	0.114 ***	−0.011	0.086 ***	−0.012	0.044 **	0.151 ***
	(0.020)	(0.035)	(0.020)	(0.039)	(0.019)	(0.031)
INC	0.244 ***	0.127 **	0.244 ***	0.121 **	0.171 ***	0.166 ***
	(0.039)	(0.058)	(0.039)	(0.059)	(0.038)	(0.047)
ROAD	0.209 ***	0.297 **	0.258 ***	−0.061	0.351 ***	−0.189
	(0.057)	(0.121)	(0.055)	(0.147)	(0.051)	(0.126)
TER	−0.147	0.427 **	−0.019	0.659 ***	0.033	0.225
	(0.120)	(0.177)	(0.117)	(0.218)	(0.107)	(0.165)
GAP	−0.221 ***	0.331 ***	−0.205 ***	0.290 ***	−0.237 ***	0.111
	(0.050)	(0.089)	(0.052)	(0.096)	(0.053)	(0.105)
PDR	−0.166 ***	0.120 *	−0.157 ***	0.149 **	−0.086 *	−0.041
	(0.056)	(0.070)	(0.056)	(0.076)	(0.049)	(0.073)

（续）

变量	(1) W1		(2) W2		(3) W3	
	系数	Wx	系数	Wx	系数	Wx
FIS	0.166	0.820	0.113	0.092	0.072	0.573
	(0.296)	(0.507)	(0.283)	(0.710)	(0.260)	(0.473)
TRA	−0.087	0.032	0.018	0.164	−0.236 ***	−0.131
	(0.086)	(0.129)	(0.079)	(0.208)	(0.081)	(0.166)
ρ	0.478 ***		0.528 ***		0.433 ***	
	(0.046)		(0.051)		(0.047)	
σ^2	0.003 ***		0.004 ***		0.003 ***	
	(0.000)		(0.000)		(0.000)	
$Log-L$	598.907		599.596		605.574	
R^2	0.701		0.859		0.873	
N	434		434		434	

注：*、** 和 *** 分别表示数据在 10%、5% 和 1% 的水平下显著，括号内为标准误。同表 4-13~表 4-15。

（三）效应分解

空间杜宾模型的参数估计结果无法反应直接效应和空间溢出效应的大小，需要通过偏微分方法进一步进行效应分解（Lesage，2009）。直接效应是指本地区农村互联网发展对本地区农村居民消费水平的影响，间接效应也称空间溢出效应，是指邻近地区农村互联网发展对本地区农村居民消费水平的影响。空间效应分解结果如表 4-13 所示。

从直接效应来看，在邻接矩阵、地理距离矩阵和经济距离矩阵下，农村互联网发展对农村居民消费水平影响的直接效应分别为 0.121、0.091、0.069，且均在 1% 统计水平上显著，表明农村互联网发展水平提高有助于本地区农村居民消费水平提升。这是由于互联网技术的发展提高了区域间劳动力资源的配置效率，促进了农村劳动者掌握技能和提高劳动生产率，有利于提高其收入水平，扩大消费规模。

从间接效应来看，在三种空间权重矩阵下，农村互联网发展对农村居民消费水平影响的间接效应分别为 0.083、0.073 和 0.279，只有在经济距离矩阵下通过了 1% 的显著性检验。这表明邻近地区农村互联网发展促进了本地区农村居民消费水平的提升，即一个地区农村互联网的发展对邻近地区的农村居民消费水平具有显著的正向空间溢出效应。这是由于互联网作为通信技术，从其发展本质来看可以视为一种技术进步，因而具备技术进步的扩散效应。同时由于消费存在示范效应，两种效应叠加使得互联网技术的发展能够影响相邻地区农村居民的消费。

从总效应来看，农村互联网发展对农村居民消费水平影响的总效应分别为0.204、0.164和0.348，且至少通过了10%的显著性检验。说明在总体上农村互联网发展对农村居民消费水平具有显著的正向影响。因此，本书的研究假设 H1-3 得到验证。

从控制变量来看，收入水平直接效应、间接效应和总效应均显著为正，说明农民收入水平提升不仅能够促进本地区农村居民消费，还有助于提高邻近地区农村居民的消费水平。交通基础设施在三种空间权重矩阵下的直接效应显著为正，说明交通基础设施的完善对本地区和邻近地区的农村居民消费具有显著促进作用。城乡收入差距扩大不利于本地区农村居民消费水平的提升，产业结构调整和财政支农水平提升有利于促进邻近地区农村居民提升消费水平。

表 4-13 空间效应分解结果

效应分解	变量	邻接权重（W1）	地理权重（W2）	经济权重（W3）
	INT	0.121***	0.091***	0.069***
		(0.021)	(0.021)	(0.020)
	INC	0.277***	0.270***	0.204***
		(0.036)	(0.037)	(0.036)
	ROAD	0.271***	0.272***	0.350***
		(0.057)	(0.064)	(0.057)
	TER	−0.101	0.050	0.063
		(0.119)	(0.116)	(0.105)
直接效应	GAP	−0.187***	−0.183***	−0.235***
		(0.054)	(0.058)	(0.055)
	PDR	−0.157***	−0.147***	−0.095**
		(0.053)	(0.054)	(0.048)
	FIS	0.291	0.134	0.160
		(0.315)	(0.315)	(0.288)
	TRA	−0.089	0.037	−0.272***
		(0.083)	(0.079)	(0.085)
	INT	0.083	0.073	0.279***
间接效应		(0.060)	(0.072)	(0.048)
	INC	0.429***	0.497***	0.386***
		(0.069)	(0.078)	(0.057)

（续）

效应分解	变量	邻接权重（W1）	地理权重（W2）	经济权重（W3）
间接效应	ROAD	0.700***	0.149	−0.066
		(0.213)	(0.325)	(0.205)
	TER	0.641**	1.312***	0.392
		(0.308)	(0.438)	(0.264)
	GAP	0.401**	0.367*	0.007
		(0.162)	(0.214)	(0.161)
	PDR	0.073	0.138	−0.128
		(0.102)	(0.128)	(0.110)
	FIS	1.557*	0.256	0.924
		(0.875)	(1.472)	(0.774)
	TRA	−0.012	0.365	−0.383
		(0.219)	(0.424)	(0.274)
总效应	INT	0.204***	0.164**	0.348***
		(0.070)	(0.079)	(0.057)
	INC	0.706***	0.767***	0.590***
		(0.073)	(0.083)	(0.067)
	ROAD	0.971***	0.421	0.284
		(0.238)	(0.371)	(0.242)
	TER	0.540	1.362***	0.456
		(0.349)	(0.479)	(0.301)
	GAP	0.214	0.185	−0.228
		(0.192)	(0.253)	(0.184)
	PDR	−0.085	−0.009	−0.223*
		(0.104)	(0.133)	(0.121)
	FIS	1.848*	0.390	1.084
		(0.996)	(1.622)	(0.928)
	TRA	−0.101	0.402	−0.655**
		(0.244)	(0.455)	(0.322)

（四）稳健性检验及分析

1. GS2SLS 估计

首先利用广义空间两阶段最小二乘法（GS2SLS）重新进行参数估计

（表4－14）。GS2SLS不需要引入外部工具变量，而是基于2SLS方法估计的空间面板模型，用全部解释变量和其空间滞后项作为工具变量，可以解决可能存在的遗漏变量或反向因果等内生性问题（邵帅，2019）。结果显示，在邻接矩阵、地理距离矩阵和经济距离矩阵下，被解释变量空间滞后项的系数均显著为正，表明被解释变量即农村居民消费存在显著的空间相关性。在三种空间权重矩阵下，农村互联网的发展的估计系数分别为0.129、0.158和0.133，且在1%水平上显著，表明农村互联网的发展有助于提升农村居民消费水平。这与前文的基准回归结果相比，除系数大小略有偏差之外，影响方向和显著性均保持一致，说明研究结论呈现出较好的稳健性。

表4－14　GS2SLS回归结果

变量	W1	W2	W3
W1y_CON	0.028***	885.739***	0.447**
	(0.005)	(250.671)	(0.173)
INT	0.129***	0.158***	0.133***
	(0.023)	(0.024)	(0.024)
控制变量	控制	控制	控制
R^2	0.495	0.671	0.645

2. 其他稳健性检验

本书还采取了替换核心解释变量和替换模型两种方式进行稳健性检验。一是替换核心解释变量，以农村移动电话普及率和农村电脑普及率替换农村互联网发展水平。农村移动电话普及率以农村居民每百人拥有的移动电话数量表征，农村电脑普及率以农村居民每百人拥有的电脑数量表征。二是替换模型，采用空间滞后模型进行重新估计。估计结果如表4－15所示。结果显示，无论采取何种方式，空间相关系数均在1%的水平上均显著为正，与前文估计结果保持一致。

从空间滞后模型来看，在三种空间权重矩阵下，农村互联网发展对农村居民消费水平影响的直接效应、间接效应和总效应均显著为正。从农村移动电话普及率的估计结果来看，在邻接矩阵下，农村移动电话普及率对农村居民消费水平影响的直接效应、间接效应和总效应显著为正；在地理距离矩阵和经济距离矩阵下，农村移动电话普及率对农村居民消费水平影响的直接效应和总效应均显著为正，但空间溢出效应不显著。从农村电脑普及率的估计结果来看，农村电脑普及率对农村居民消费水平影响的直接效应和总效应在三种空间权重矩阵下均显著为正，但其空间溢出效应不显著。总的来看，与前文估计结果基本一致，研究结论呈现出较好的稳健性。

表 4 - 15　稳健性检验结果：替换变量与模型

变量		空间权重矩阵	系数	Wx	ρ	直接效应	间接效应	总效应
替换核心解释变量	农村移动电话普及率	W1	0.218 ***	0.085 **	0.483 ***	0.222 ***	0.042	0.264 ***
			(0.029)	(0.043)	(0.045)	(0.030)	(0.069)	(0.078)
		W2	0.222 ***	0.188 ***	0.552 ***	0.216 ***	−0.129	0.087
			(0.029)	(0.056)	(0.049)	(0.029)	(0.107)	(0.113)
		W3	0.166 ***	−0.061	0.480 ***	0.171 ***	0.039	0.210 ***
			(0.030)	(0.048)	(0.046)	(0.031)	(0.073)	(0.081)
	农村电脑普及率	W1	0.117 ***	0.054 **	0.488 ***	0.118 ***	0.007	0.125 ***
			(0.013)	(0.021)	(0.046)	(0.013)	(0.034)	(0.038)
		W2	0.111 ***	0.042 *	0.513 ***	0.113 ***	0.031	0.144 ***
			(0.013)	(0.025)	(0.051)	(0.014)	(0.043)	(0.045)
		W3	0.090 ***	−0.008	0.450 ***	0.095 ***	0.057 **	0.152 ***
			(0.013)	(0.019)	(0.048)	(0.014)	(0.029)	(0.034)
替换模型（SAR）	农村互联网发展水平	W1	0.090 ***		0.551 ***	0.099 ***	0.103 ***	0.202 ***
			(0.018)		(0.032)	(0.020)	(0.023)	(0.043)
		W2	0.068 ***		0.590 ***	0.074 ***	0.094 ***	0.168 ***
			(0.018)		(0.034)	(0.020)	(0.027)	(0.046)
		W3	0.071 ***		0.563 ***	0.081 ***	0.085 ***	0.165 ***
			(0.019)		(0.033)	(0.021)	(0.023)	(0.043)

注：控制变量均纳入了回归模型，未报告其结果。

本章小结

　　本章从农村居民消费水平的角度出发，通过构建固定效应模型、中介效应模型以及空间计量模型，利用我国 2009—2022 年省级面板数据，实证考察了农村互联网的发展对农村居民消费水平的影响效应、作用机制以及空间溢出效应。

　　第一，农村互联网发展对农村居民消费水平的提升具有显著的正向影响，有助于农村居民扩大消费规模。在进行稳健性和内生性检验后，结论依然成立。

　　第二，农村互联网发展对东部、中部和西部地区农村居民消费水平的影响效应分别为 0.210、0.113 和 0.239，且至少通过了 10% 的显著性检验。这说明农村互联网发展对东、中、西部地区农村居民消费水平的提升均具有显著的促进作用。从系数值大小来看，农村互联网发展对中西部地区农村居民消费水平提升的影响效应强于东部地区。

第三，收入效应在农村互联网发展与农村居民消费水平之间发挥了部分中介效应。互联网发展也可以通过市场范围效应对农村居民消费水平产生影响。

第四，我国省域农村互联网发展水平和农村居民消费水平在空间分布上具有非均质性，各省份间呈现出显著的"高—高（H—H）""低—低（L—L）"空间集聚特征。

第五，在邻接矩阵、地理距离矩阵和经济距离矩阵下，农村互联网发展对农村居民消费水平影响的直接效应分别为 0.121、0.091、0.069，且均通过了 1% 的显著性检验。在经济距离矩阵下，农村互联网发展对农村居民消费水平影响的间接效应为 0.279，且通过了 1% 的显著性检验。这说明本省份农村互联网发展不仅能够提升本省份的农村居民消费水平，对邻近省份农村居民消费水平的提升也具有显著的正向促进作用。

互联网发展对农村居民消费结构影响的实证分析

本章将从宏观和微观两个视角实证检验农村互联网发展对农村居民消费结构的影响效应。具体结构安排如下：首先，从宏观视角出发，利用固定效应模型和QUAIDS模型分析农村互联网发展对农村居民消费结构的影响效应，并对收入效应的作用机理进行实证检验。其次，基于微观视角，分析了互联网的使用对农户消费结构升级的影响效应和异质性。由于宏观层面的分析无法体现微观个体数字技术赋能农户消费所产生的差异，即不同微观个体由于年龄、受教育程度不同，对互联网的认知和使用程度不同，而其对消费产生的影响也可能存在差异。

第一节 互联网发展对农村居民消费结构的影响：宏观视角

一、模型构建与变量选取

（一）模型设定

1. 基准模型设定

为考察我国农村互联网发展对农村居民消费结构的影响效应，构建如下基准计量模型：

$$CON_{it} = \beta_1 + \beta_2 INT_{it} + \beta_3 INC_{it} + \beta_4 X_{it} + \varepsilon_{it} \qquad (5-1)$$

式（5-1）中，i表示地区，t表示时间，CON_{it}表示农村居民生存型消费支出、发展型消费支出和享受型消费支出，INT_{it}表示农村互联网发展水平，此外还控制农村居民收入（INC_{it}）作为重要控制变量以及其他影响农村居民消费结构的变量（X_{it}），ε_{it}为随机扰动项。β_1为模型的截距项，β_2是核心解释变量的估计系数。

2. QUAIDS 模型

本节借鉴 Poi（2002）扩展的 QUAIDS 模型，并结合 Bronnmann（2016）和 Han（2016）等人的研究，将影响消费环境的互联网因素引入 QUAIDS 模型中，构建了包含互联网因素的 QUAIDS 模型，以分析农村互联网发展对农村居民消费需求变化的影响。模型设定如下：

$$w_i = \alpha_i + \sum_{j=1}^{k} \gamma_{ij} \ln p_j + (\beta_i + \eta_i' z) \ln\left[\frac{m}{\overline{m_0}(z)a(p)}\right] + \frac{\lambda_i}{b(p)c(p,z)} \ln\left[\frac{m}{\overline{m_0}(z)a(p)}\right]^2$$

$$(5-2)$$

其中，w_i 表示农村居民家庭食品、衣着、居住等七类消费支出占总消费支出的份额，满足 $\sum_{i=1}^{k} w_i = 1$，p_j 为第 j 类消费品的价格，m 是农村居民家庭消费的总支出，$\overline{m_0}(z)$ 表示互联网发展所引起的支出增加。$c(p,z) = \prod_{j=1}^{k} p_j^{\eta_j z}$，满足加总性约束：$\sum_{j=1}^{k} \eta_{ij} = 0$。$\alpha_i$、$\gamma_{ij}$、$\beta_i$ 和 λ_i 表示估计系数。该模型要满足三个约束条件，即加总性：$\sum_{i=1}^{k} w_i = 1$，$\sum_{i=1}^{k} \beta_i = 1$，$\sum_{i=1}^{k} \lambda_i = 1$；齐次性：$\sum_{j=1}^{k} \gamma_{ij} = 0$，对称性：$\gamma_{ij} = \gamma_{ji}$（任意 $i \neq j$）。

3. 中介效应模型

为验证收入效应在互联网发展影响农村居民消费结构升级中是否具有中介作用，在式（5-1）的基础上，构建了如下的中介效应模型：

$$INC_{it} = \gamma_1 + \gamma_2 INT_{it} + \gamma_3 X_{it} + \varepsilon_{it} \qquad (5-3)$$

式（5-3）中，i 表示地区，t 表示时间，INC_{it} 表示农村居民人均可支配收入，INT_{it} 表示农村互联网发展水平，此外还控制了其他影响农民收入的变量（X_{it}），包括产业结构、交通基础设施、城镇化、农村经济发展水平和财政支农水平等，ε_{it} 为随机扰动项。

（二）变量选取与数据来源

1. 被解释变量：农村居民消费结构

农村居民消费结构具体分为生存型消费、发展型消费和享受型消费。消费结构是指在消费过程中，人们对不同类型的商品和服务的购买支出占总消费支出的比例以及相互之间的配合、替代等关系。借鉴向玉冰等（2018）的研究将消费结构分为三大类，即生存型消费、发展型消费和享受型消费。生存型消费主要包括食品、衣着和居住等生理需求的消费支出，发展型消费包括交通通信、文教娱乐和医疗保健消费，享受型消费主要包括家庭耐用消费品在内的生活用品及服务消费、其他消费。一般而言，在生存型消费得到满足之后，居民会逐步增加发展型和享受型消费支出。居民消费结构升级也就意味着生存型消费占比下降，发展型和享受型消费比重增加。

2. 核心解释变量：农村互联网发展水平

农村互联网发展水平为第二章中采用熵值法测度的 2009—2022 年各省份农村互联网发展水平综合指数。同时借鉴赵浩鑫等（2019）的研究，以农村电脑普及率和移动电话普及率作为稳健性检验指标，其中电脑普及率以农村每百人的电脑拥有数量表征，移动电话普及率以农村每百人拥有的移动电话数量衡量。

3. 控制变量

①农民收入水平。以农村居民人均可支配收入代表农民的收入水平，并对其取对数。②产业结构。以第三产业产值增加值占地区生产总值的比重作为产业结构的代理变量。③交通基础设施。将公路密度作为交通基础设施的代理变量，而公路密度则用各省（自治区、直辖市）公路里程数与省（自治区、直辖市）面积的比值衡量。④人口抚养比。本书的人口抚养比包括少儿人口抚养比和老年人口抚养比，以非劳动年龄人口数与劳动年龄人口数之比表征。⑤城镇化率，以城镇人口占总人口的比重衡量。城镇化的发展使市场增加了劳动力需求，为农村劳动力转移提供了广阔的空间，造就了大规模的农村人口流动，使得农村居民收入、家庭结构等发生变化，并由此引发了消费结构的变化（王希文，2013）。因此，城镇化发展可以提高农村居民消费水平，促进消费结构升级。⑥地区经济发展水平。经济增长能够提高农民的收入水平，从而实现农村居民消费总量扩张和消费结构升级。利用各省地区生产总值衡量地区经济发展水平。

选取我国 31 个省（自治区、直辖市）2009—2022 年的面板数据为研究样本，数据主要来源于《中国统计年鉴》《中国农村统计年鉴》《中国人口和就业统计年鉴》《中国信息年鉴》以及省份统计年鉴和统计资料。所有变量均由作者通过计算、整理而得，对于个别缺失数据，采取了线性插值法进行补齐，最终获得了 434 个样本。各变量的描述性统计如表 5-1 所示。

表 5-1　变量的描述性统计

变量	变量含义	平均值	标准差	最小值	最大值
$CON-ex$	生存型消费支出取对数	8.588	0.488	7.500	9.794
$CON-dv$	发展型消费支出取对数	7.895	0.658	5.879	9.023
$CON-en$	享受型消费支出取对数	6.497	0.539	5.040	7.695

（续）

变量	变量含义	平均值	标准差	最小值	最大值
INT	农村互联网发展水平	9.313	0.5224	7.895	10.5898
INC	农村居民人均可支配收入取对数	0.471	0.0980	0.2862	0.8387
TER	第三产业产值增加值占地区生产总值的比值	0.927	0.5415	0.0438	2.4579
ROAD	各省区公路里程数与省区面积的比值	2.595	0.5092	1.2914	4.2809
PDR	农村人口抚养比	37.933	7.1658	19.2700	56.7100
URB	城镇化率	0.574	0.136	0.223	0.896
GDP	地区生产总值取对数	10.788	0.514	9.240	12.078

二、实证结果与分析

本节的实证分析将从以下三个方面展开：第一，运用 Stata15.1 软件，采用固定效应模型估计农村互联网发展对农村居民生存型消费、发展型消费和享受型消费支出的影响效应；第二，利用 QUAIDS 模型分析农村互联网发展对农村居民消费结构的影响。第三，替换被解释变量、核心解释变量，采用系统GMM 模型再估计，进行稳健性检验。

（一）基准回归结果

基准模型采用双固定效应模型进行估计，结果如表 5-2 所示。回归（1）～（3）分别表示农村互联网的发展对农村居民生存型、发展型和享受型消费支出的影响。结果显示，农村互联网的发展对农村居民生存型、发展型和享受型消费支出影响的估计系数分别为 0.033、0.146 和 0.113，且至少通过了 10% 的显著性检验，表明农村互联网的发展有助于促进农村居民生存型、发展型和享受型消费支出，进而增加总消费支出，这与第四章的结论相符。从系数值的大小来看，农村互联网发展对农村居民发展型消费支出的影响效应最大，其次是享受型消费支出，对生存型消费支出的影响效应最小。其原因在于，互联网技术的发展推动了传统商业模式的变革，如"互联网教育""互联网医疗"的发展，促进了消费品跨时间和地域的流通，而网络购物平台的出现更是为农村居民提供了丰富多样的消费品。特别是随着近年来移动互联网的发展，智能手机已然成为农村居民上网的重要方式之一，而移动互联网能够为农村居民提供更加便捷和多样化的服务产品。由此可见，农村互联网的发展有助于提高发展型和享受型消费支出的比重，进而推动农村居民消费结构升级。因此，本书的研究假说 H2-1 得到验证。

从控制变量来看，收入对农村居民生存型、发展型和享受型消费支出均有显著的正向影响，且对发展型消费支出的影响效应最大，说明农民收入水平提高也有利于扩大农村居民发展型和享受型消费支出，促进消费结构升级。农村人口抚养比过高不利于推动农村居民消费结构升级。城镇化发展对农村居民发展型和享受型消费支出有显著的正向促进作用，能够推动农村居民消费结构升级。

表 5-2　农村互联网发展对农村居民消费结构影响的估计结果

变量	回归（1）	回归（2）	回归（3）
	生存型消费	发展型消费	享受型消费
INT	0.033 *	0.146 ***	0.113 ***
	(0.020)	(0.033)	(0.031)
INC	0.115 **	0.224 ***	0.137 *
	(0.044)	(0.074)	(0.071)
ROAD	0.322 ***	0.202 **	−0.042
	(0.051)	(0.086)	(0.082)
TER	−0.237 *	−0.059	0.061
	(0.123)	(0.206)	(0.197)
PDR	−0.114 **	−0.345 ***	−0.233 ***
	(0.056)	(0.093)	(0.089)
URB	0.258	1.710 ***	0.845 **
	(0.217)	(0.363)	(0.347)
GDP	−0.127 **	−0.437 ***	−0.098
	(0.055)	(0.092)	(0.088)
时间	是	是	是
省份	是	是	是
常数项	7.233 ***	6.065 ***	5.241 ***
	(0.469)	(0.784)	(0.749)
N	434	434	434
R²	0.980	0.972	0.958

注：*、** 和 *** 分别表示数据在10%、5%和1%的水平上显著，括号内的数字为标准误。同表 5-3～表 5-6。

（二）QUAIDS 模型回归分析结果

1. 数据统计分析

使用 QUAIDS 模型时，需要计算各类消费品的价格和各类型消费支出占总消费的比重。因此，在 QUAIDS 模型中，以食品烟酒、衣着、居住、生活用品及服务、交通通信、教育文化娱乐、医疗保健七类支出占消费总支出的比重反映农村居民家庭消费结构的变化。同时，参考唐琦（2018）的做法，使用各省农村居民的分类价格指数作为价格指标，反映不同消费品价格的相对变化，此数据主要来源于《中国价格统计年鉴》，但由于其中缺少北京市、天津市、上海市和重庆市的数据，故在 QUAIDS 模型回归分析中剔除了 4 个直辖市，并对各类消费价格指数以 2008 年为基础进行了调整。

在 AIDS 模型中假设恩格尔曲线为线性，若恩格尔曲线为非线性，这需要在 AIDS 模型中加入消费总支出的二次项，即使用 QUAIDS 模型进行估计（Banks，1997）。本书使用非参数回归方法，利用高斯核函数估计各项消费支出比重的恩格尔曲线，以此来检验消费支出份额与总消费支出之间是否为线性。

图 5-1 显示了农村居民各项消费支出份额与人均消费总支出的关系。由图 5-1 可知，对于某些类别的消费支出来说，农村居民消费的恩格尔曲线确实呈现非线性。例如，食品消费支出份额随着消费总支出的增加而减少，衣着消费的恩格尔曲线和居住消费的恩格尔曲线呈现复杂非线性变化，生活用品及服务消费的恩格尔曲线大体上呈 U 形，交通通信消费的恩格尔曲线大体上呈倒 U 形，文教娱乐消费支出份额随消费总支出的增加而增加。由此可见，大多数消费支出项目的恩格尔曲线具有非线性的特征，这也说明选用 QUAIDS 模型进行研究具有合理性。

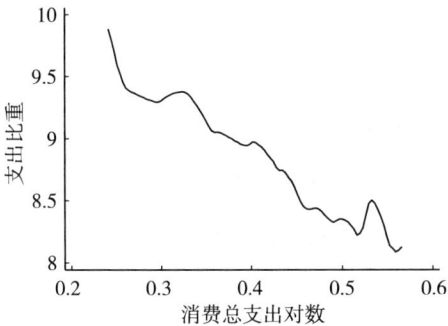

图 5-1a　食品消费的非参数恩格尔曲线　　图 5-1b　衣着消费的非参数恩格尔曲线

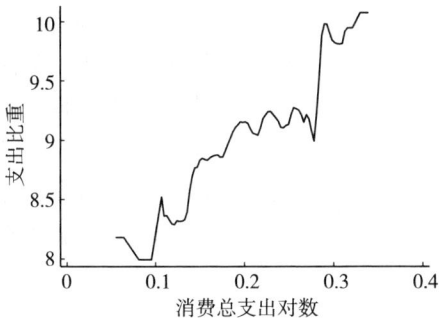

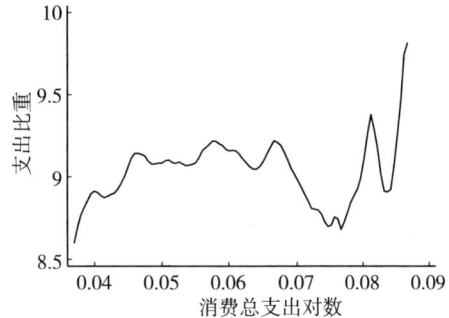

图 5-1c　居住消费的非参数恩格尔曲线　图 5-1d　生活用品及服务消费的非参数恩格尔曲线

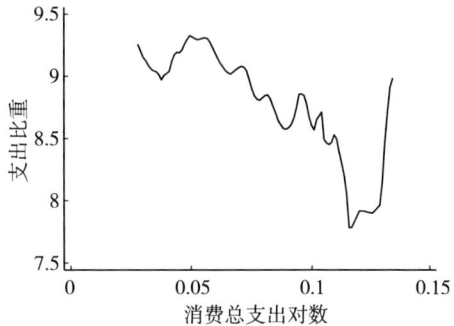

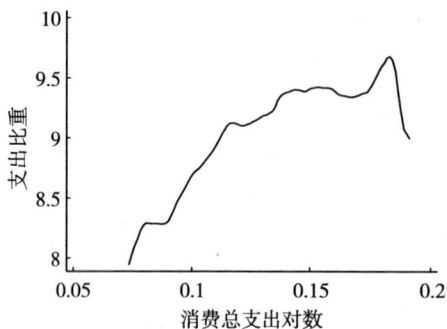

图 5-1e　交通通信消费的非参数
恩格尔曲线

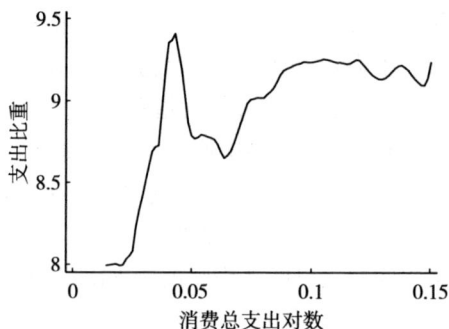

图 5-1f　文教娱乐消费的非参数
恩格尔曲线

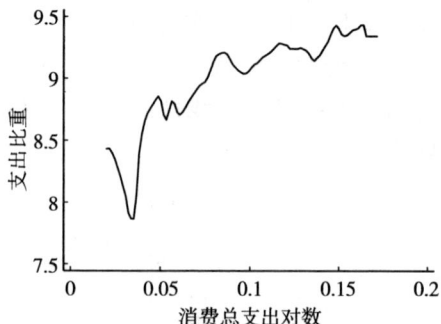

图 5-1g　医疗保健消费的非参数恩格尔曲线

图 5-1　农村居民各项消费支出的非参数恩格尔曲线

2. QUAIDS 模型估计结果

表 5-3 为农村居民家庭消费的 QUAIDS 模型估计结果。可以看出：第一，农村互联网发展对农村居民交通通信、文教娱乐方面的支出存在显著的正向影响。从其影响效应来看，对农村居民交通通信方面的支出份额影响最大，其次是对文教娱乐方面的支出。第二，农村互联网发展对农村居民食品、衣着和生活用品及服务消费需求具有显著的负向影响，对居住消费需求的影响在统计上不具有显著性。这说明农村互联网发展提高了交通通信和文教娱乐等发展型消费的支出份额，减弱了食品和衣着等生存型消费的支出份额，推动着农村居民家庭消费由生存型向发展型转变（刘湖，2016），有利于农村居民家庭消费的结构优化和消费升级。

表 5 - 3 QUAIDS 模型估计结果

变量	食品	衣着	居住	生活用品及服务	交通通信	文教娱乐	医疗保健
INT	−0.001 9 *	−0.000 6 *	0.000 1	−0.001 2 ***	0.001 9 ***	0.001 4 ***	0.000 3
	(0.001 0)	(0.000 3)	(0.000 5)	(0.000 3)	(0.000 6)	(0.000 5)	(0.000 4)
PDR	−0.004 9	0.003 5 ***	−0.007 0 ***	−0.003 8 ***	0.002 0	0.004 1 **	0.006 1 ***
	(0.003 2)	(0.000 8)	(0.001 7)	(0.001 1)	(0.001 5)	(0.001 7)	(0.001 6)
P1	0.194 4	0.057 2 **	0.028 8	−0.012 4	0.070 8 **	−0.196 0 ***	−0.142 8 *
	(0.175 6)	(0.025 9)	(0.054 9)	(0.017 2)	(0.033 9)	(0.098 6)	(0.073 3)
P2	0.057 2 **	0.059 7 ***	−0.004 2	0.041 1 ***	−0.024 3 *	−0.096 9 ***	−0.032 6 **
	(0.025 9)	(0.015 0)	(0.018 0)	(0.007 1)	(0.012 9)	(0.018 3)	(0.014 0)
P3	0.028 8	−0.004 2	−0.052 4	0.013 6	0.074 1 ***	−0.081 6 **	0.021 6
	(0.054 9)	(0.018 0)	(0.044 7)	(0.010 9)	(0.022 6)	(0.036 7)	(0.028 9)
P4	−0.012 4	0.041 1 ***	0.013 6	0.024 7 **	−0.009 6	−0.021 3	−0.036 1 ***
	(0.017 2)	(0.007 1)	(0.010 9)	(0.012 1)	(0.010 2)	(0.013 3)	(0.010 2)
P5	0.070 8 **	−0.024 3 *	0.074 1 ***	−0.009 6	0.018 7	−0.039 8 *	−0.089 9 **
	(0.033 9)	(0.012 9)	(0.022 6)	(0.010 2)	(0.021 6)	(0.023 7)	(0.018 3)
P6	−0.196 0 **	−0.096 9 ***	−0.081 6 **	−0.021 3	−0.039 8 *	0.324 1 ***	0.111 7 **
	(0.098 6)	(0.018 3)	(0.036 7)	(0.013 3)	(0.023 7)	(0.067 4)	(0.045 5)
P7	−0.142 8 *	−0.032 6 **	0.021 6	−0.036 1 ***	−0.089 9 ***	0.111 7 **	0.168 1 ***
	(0.073 3)	(0.014 0)	(0.028 9)	(0.010 2)	(0.018 3)	(0.045 5)	(0.037 0)
支出对数	0.276 ***	−0.018	0.088 ***	−0.008	−0.014	−0.184 ***	−0.139 ***
	(0.058)	(0.018)	(0.033)	(0.012)	(0.022)	(0.031)	(0.027)
支出对数二次项	0.024 ***	0.001	0.003	−0.001	−0.003 *	−0.015 ***	−0.009 ***
	(0.005)	(0.001)	(0.003)	(0.001)	(0.002)	(0.003)	(0.002)
常数项	1.019 ***	−0.029	0.492 ***	−0.039	0.201 ***	−0.354 *	−0.291 *
	(0.307)	(0.056)	(0.131)	(0.046)	(0.072)	(0.194)	(0.150)
N	378	378	378	378	378	378	378

（三）稳健性检验

为验证前文中所得估计结果的稳健性，本节采用替换解释变量和模型的方法进行稳健性检验。首先，以农村居民发展型和享受型消费支出占比表征农村居民消费升级。同时，以农村移动电话普及率（INT1）和农村电脑普及率（INT2）替换农村互联网发展水平（INT）进行重新估计。估计结果如表 5 - 4 所示。其次，采用系统 GMM 模型替换固定效应模型进行再估计，系统 GMM

模型可以解决潜在的内生性问题。估计结果如表5-5所示。

表5-4中，回归（1）～（3）分别为农村互联网发展、农村移动电话普及率、农村电脑普及率对农村居民发展型和享受型消费占比的估计结果。结果显示，农村互联网发展水平、农村移动电话普及率、农村电脑普及率对农村居民发展型和享受型消费支出占比均有显著的促进作用。表5-5中，回归（4）、回归（5）和回归（6）分别为农村互联网发展对农村居民生存型、发展型和享受型消费支出的系统GMM估计结果。由结果可知（表5-5），农村互联网发展对农村居民发展型消费支出的影响系数为0.091，且通过了10%的显著性检验，对享受型消费支出的影响系数为0.095，且在1%水平上显著，而对生存型消费支出的影响在统计上不显著。另外从系数值大小来看，农村互联网发展对农村居民享受型消费支出的影响效应最大，其次是发展型消费支出。这表明在系统GMM模型中，也得到了农村互联网发展对农村居民消费结构升级具有促进作用的结论，即所得结果具有较强的稳健性。

表5-4 稳健性检验结果（1）

变量	被解释变量：$Y=$发展和享受型消费占比		
	回归（1）	回归（2）	回归（3）
INT	0.028***		
	(0.007)		
$INT1$		0.032***	
		(0.005)	
$INT2$			0.061***
			(0.010)
控制变量	控制	控制	控制
N	434	434	434

表5-5 稳健性检验结果（2）

变量	回归（4）	回归（5）	回归（6）
	$Y=$生存型消费	$Y=$发展型消费	$Y=$享受型消费
$L.CON-ex$	0.564***		
	(0.029)		
$L.CON-dv$		0.661***	
		(0.031)	

（续）

变量	回归（4）	回归（5）	回归（6）
	Y＝生存型消费	Y＝发展型消费	Y＝享受型消费
L.CON-en			0.437***
			(0.019)
INT	0.016	0.091*	0.095***
	(0.031)	(0.049)	(0.020)
控制变量	控制	控制	控制
AR（1）	P＝0.000	P＝0.000 0	P＝0.000 0
AR（2）	P＝0.187	P＝0.237	P＝0.251
Sargan test	P＝1.000	P＝1.000 0	P＝1.000 0
N	403	403	403

三、机制分析

为进一步验证收入效应的中介效应，首先采用逐步回归法进行检验，然后再利用非参数 Bootstrap 法进行检验。这里以农村居民发展型和享受型消费支出占比表征农村居民消费结构升级。检验结果如表 5-6 所示。

回归（1）～（3）采用的是固定效应模型估计，回归（4）～（6）采用系统 GMM 模型进行估计。根据逐步回归法检验结果可知，在不考虑中介变量的情况下，农村互联网发展对农村居民消费升级的影响均显著为正 [表 5-6 上半部分，回归（1）和回归（4）]。然后再考虑中介变量对被解释变量的影响。可以看出，农村互联网发展对农村居民收入的影响均显著为正 [表 5-6 上半部分，回归（2）和（5）]，表明农村互联网发展水平提高有利于农村居民增收。表 5-6 中的回归（3）和回归（6）同时考虑了解释变量和中介变量对被解释变量的影响。可以看出，农村互联网发展和农民收入增加对农村居民消费结构升级的影响效应分别为 0.007 和 0.029 [回归（6）]，且至少通过了 10% 的显著性检验。这表明收入在互联网发展对农村居民消费结构升级的影响中发挥了部分中介效应，即互联网的发展与农村居民消费结构升级之间存在收入效应。因此，本书的研究假设 H2-2 得到验证。

进一步采用 Bootstrap 方法（抽样 5 000 次，置信区间为 95%）对收入的中介效应进行再检验，以保证研究结果的可靠性。通过 Bootstrap 检验可知（表 5-6 下半部分），直接效应和间接效应（中介效应）的置信区间均不包含 0。说明农村互联网发展可以通过提高农村居民收入，进而影响农村居民消费结构，推动消费结构升级，且收入在其中发挥着部分中介效应。

表 5 - 6　中介效应检验结果

方法	变量	FE				GMM 系统	
		回归（1）	回归（2）	回归（3）	回归（4）	回归（5）	回归（6）
		Y=消费升级	Y=收入	Y=消费升级	Y=消费升级	Y=收入	Y=消费升级
逐步回归法	INT	0.044 ***	0.254 ***	0.036 ***	0.014 ***	0.075 ***	0.007 *
		(0.007)	(0.039)	(0.008)	(0.005)	(0.011)	(0.004)
	INC			0.032 ***			0.029 ***
				(0.009)			(0.004)
	控制变量	控制	控制	控制	控制	控制	控制
	常数项	0.322 ***	6.385 ***	0.116	0.160 ***	4.232 ***	−0.118 **
		(0.043)	(0.230)	(0.072)	(0.047)	(0.150)	(0.048)
	N	434	434	434	403	403	403

	类别	效应估计	Percentile 95% CI		Bias-corrected 95% CI	
			下限	上限	下限	上限
Bootstrap 法	直接效应	0.013	0.009 3	0.017 6	0.009 0	0.017 3
	间接效应	0.010	0.002 5	0.016 5	0.002 7	0.016 7

第二节　互联网的使用对农户消费结构升级的影响：微观视角

上一节基于宏观视角分析了我国农村互联网发展对农村居民消费结构升级的影响效应。但宏观层面的分析无法体现出微观个体数字技术赋能农户消费所产生的差异，即不同微观个体由于年龄、受教育程度不同，对互联网的认知和使用程度不同，互联网对其消费产生的影响也可能存在差异。因此，本节将从微观视角出发，利用中国家庭追踪调查（CFPS）数据，分析互联网的使用对农户消费结构升级的影响效应和差异。

一、模型构建与变量选取

（一）模型构建

借鉴祝仲坤（2017）等人的研究，使用 OLS 回归模型考察互联网的使用对农户消费结构升级的影响。构建如下基准计量模型：

$$consumption_i = \alpha_0 + \alpha_1\, net_i + \alpha_2\, income_i + \alpha_3\, Z_i + \alpha_4\, area_i + \varepsilon_i$$

$$(5-4)$$

式（5-4）中，$consumption_i$ 表示第 i 个农村家庭的发展型和享受型消费支出占总消费支出的比重，net_i 表示农户互联使用情况，$income_i$ 表示农户收入水平，Z_i 表示其他控制变量，包括户主的个人特征和家庭特征，如户主性别、年龄、婚姻状况、健康状况、住房数量、老年抚养比、少儿抚养比和养老保险参与等，$area_i$ 表示省份虚拟变量，ε_i 为随机扰动项，α_0、α_1、α_2、α_3 为模型的待估计参数。

本节使用的微观数据来自北京大学中国社会科学调查中心实施的中国家庭追踪调查（CFPS）数据。该数据的样本覆盖 31 个省（自治区、直辖市），抽样范围涵盖了全国 95% 的人口，是一项全国性、大规模、多学科的社会跟踪调查项目，具有较强的代表性和权威性。该数据为两年一期的追踪调查数据，开始于 2010 年，之后又在 2012 年、2014 年、2016 年、2018 年和 2020 年进行了五轮调查，调查范围涵盖个体、家庭和村级三个层次，包括家庭经济活动、人口迁移、健康、社会交往、个人认知以及村居概况等多个研究主题（北京大学中国社会科学调查中心，2018）。本节选用 CFPS2018 调查数据研究互联网的使用对农户消费的影响及其异质性。

由于研究需要的数据分别在个人库与家庭库中，因此本研究对个人自答数据库、家庭经济数据库和家庭成员数据库进行了横向合并，并对合并后的数据做了如下处理：第一，由于 CFPS2018 数据库中没有明确定义家庭户主，因此借鉴钱龙等（2016）、文洪星（2018）等的研究，将"财务回答人"定义为户主。其原因在于家庭的财务回答人往往对家庭决策尤其是家庭消费决策有较大的影响。第二，保留数据库中"基于国家统计局资料的城乡分类"中为农村的样本。第三，参考世界卫生组织以及国际标准对劳动人口的定义，保留户主年龄为 16～65 岁的样本。第四，对缺失值和异常值进行剔除处理，如计算老年抚养比和少儿抚养比时，发现有比例大于 1 的样本，直接删除此异常值。通过以上数据处理，最终得到有效样本 4 709 户，占原农村家庭样本的 69.74%。

（二）变量定义与说明

（1）被解释变量：农户消费结构升级。消费分为生产性消费和个人消费，生产性消费是指物质资料生产过程中的生产资料和生活劳动的使用和消耗，而个人消费往往是指用于满足个人生活需要消耗而生产出来的物质资料和精神产品，也是通常的消费，本书主要关注的是个人消费。CFPS2018 年问卷中详细记录了被访问家庭 2017 年的家庭消费情况，其中包括家庭设备及日用品支出、衣着鞋帽支出、文教娱乐支出、食品支出、居住支出、医疗保健支出、交通通信支出以及其他消费性支出。根据李晓楠等（2013）、潘敏（2018）、李旭洋（2020）等多项研究，将食品、衣着和居住视为生存型消费，以满足基本生活需要，将其余消费归为发展型和享受型消费。本节以农户的发展型和享受型消费支出占总消费支出的比例表示农户消费结构升级程度。

（2）核心解释变量：本部分的核心解释变量为农户互联网使用情况。借鉴周广肃（2018）等的做法，利用户主的互联网使用情况作为农户互联网使用情况的衡量指标。如在CFPS2018年问卷中，向被访者询问"是否使用移动设备上网，如平板和电脑等"或"是否使用电脑上网"，回答为"是"或"否"。本节综合以上两个问题，将至少选择一项回答为"是"，即选择使用移动设备上网或电脑上网的视为使用互联网。故将该指标定义为0—1变量，使用互联网赋值为1，未使用互联网赋值为0。

同时，本节还选取互联网使用频率和互联网使用时长在后文中进行稳健性检验。互联网使用频率通过CFPS2018年问卷中"一般情况下，使用互联网学习、工作、社交、娱乐以及商业活动的频率"来测量，回答选项包括"几乎每天、一周3～4次、一周1～2次、一个月2～3次、一个月一次、几个月一次以及从不"七种，参考宁光杰（2018）等的研究，为增强实证分析的有效性，减少有序变量的等级，本节将互联网使用频率设定为五级李克特量表，"几乎每天"赋值为5，"一周3～4次和一周1～2次"赋值为4，"一个月2～3次和一个月一次"赋值为3，"几个月一次"赋值为2，"从不"赋值为1，得到了五类分五个等级的互联网使用频率，并进一步采用熵值法将互联网使用频率进行降维，得到互联网使用频率的综合指数。互联网使用时长利用CFPS2018年问卷中"一般情况下，每周业余时间有多少小时用于上网"来测量，并将所得数据除以七以得到平均每天上网的时长。

（3）其他控制变量。为使本书研究结论更具可靠性，在数据可得性的基础上，选取了其他影响消费的变量进行控制，以避免遗漏变量导致的估计偏误。本节的控制变量主要分为两个方面，即户主个人特征和家庭特征。具体来看，户主个人特征主要包括户主年龄、性别（男性为1，女性为0）、婚姻状况（已婚为1，未婚为0）、健康状况（不健康赋值为1，一般赋值为2，比较健康赋值为3，很健康赋值为4，非常健康赋值为5）、受教育程度（文盲和半文盲赋值为1，小学赋值为2，初中赋值为3，高中赋值为4，大专赋值为5，大学本科赋值为6，研究生赋值为7）等。家庭特征主要包括家庭人均收入、住房数量、老年抚养比、少儿抚养比和养老保险参与情况（参与养老保险为1，未参与养老保险为0）等。其中，收入与资产是影响农村居民家庭消费的关键性因素，收入以农村居民家庭人均收入的自然对数表示，资产情况以农村居民家庭的住房数量来反映；老年抚养比和少儿抚养比分别以农村居民家庭中60岁以上的老人数量和14岁以下的少儿数量占家庭总人口的比例来表示。此外，还以虚拟变量形式控制了农村居民家庭所在的省份。表5-7为变量说明。

表 5－7　变量说明

变量类别	变量名称	变量说明	均值	标准差
被解释变量	农户消费结构升级	家庭发展型和享受型消费支出占总消费支出的比例	0.456	0.202
核心解释变量	互联网使用	使用互联网＝1，未使用互联网＝0	0.450 6	0.497 6
控制变量				
个人特征	性别	户主性别（男性＝1，女性＝0）	0.552 5	0.497 2
	年龄	户主年龄（岁）	47.131 4	11.468 1
	婚姻状况	户主婚姻（已婚＝1，未婚＝0）	0.870 6	0.335 5
	健康状况	户主自评健康（不健康＝1，一般＝2，比较健康＝3，很健康＝4，非常健康＝5）	2.903 5	1.269 2
	受教育程度	户主学历（文盲和半文盲＝1，小学＝2，初中＝3，高中＝4，大专＝5，大学本科＝6，研究生＝7）	2.437 8	1.151 7
家庭特征	家庭人均收入	农村居民家庭人均收入取对数	9.400 3	0.918 8
	住房数量	农村居民家庭所拥有的住房数量	1.168 1	0.437 3
	老年抚养比	65 岁以上老年人占家庭总人口的比例	0.032 7	0.098 1
	少儿抚养比	14 岁以下少儿人口占家庭总人口的比例	0.113 8	0.176 1
	养老保险参与	参与养老保险＝1，未参与养老保险＝0	0.616 1	0.486 3

注：所有数据均来源于作者对 CFPS2018 数据的整理和计算。同表 5-8～表 5-14。

二、实证检验与结果分析

本节的实证分析主要从以下三个方面展开：第一，从样本农户家庭特征、互联网使用特征以及农户消费特征三方面进行描述性统计分析；第二，运用 Stata15.1 软件，对基准模型采用最小二乘法（OLS）估计互联网的使用对农户消费结构升级的影响效应；第三，引入具有工具变量的两阶段最小二乘法（IV－2SLS）克服模型中存在的内生性问题，并利用倾向得分匹配法、替换核心解释变量等方法进行稳健性检验。

（一）样本描述性统计分析

1. 农户家庭特征描述性统计分析

（1）户主个人特征。表 5－8 显示了样本的户主个人特征，主要包括性别、年龄、健康状况、婚姻状况以及受教育程度等。从样本户主性别来看，男性有

2 602 人，占 55.26％；女性有 2 107 人，占 44.74％。这反映出农村家庭中进行主要决策和财务管理的仍以男性为主。从样本户主年龄来看①，45～59 岁样本户主最多，占 48.84％，接近整个样本的一半；其次是 16～44 岁的样本户主，有 1 661 人，占 35.27％；60 岁以上的样本户主最少，有 748 人，占15.88％。这说明家庭决策以中年人为主，也反映出以家庭财务回答人作为户主是合理的。从样本户主的受教育程度来看，文盲/半文盲、小学学历的样本户主分别有 1 201 和 1 241 人，占比分别为 25.50％和 26.35％，初中学历的样本户主有 1 538 人，占 32.66％，高中学历的样本户主有 535 人，占 11.36％，具有大专以上学历样本户主占比最少，仅有 4.13％。可以看出初中及以下学历的样本户主占整个样本户主的 84.51％，说明农村居民受高等教育程度的比例依然较低。从样本农户户主的健康状况来看，比较健康的样本户主数量有 1 854 人，占 39.47％；很健康和非常健康的样本户主数量共有 1 320，占28.04％；不健康的样本户主数量有 915 人，占比为 19.43％。可以看出，大多数样本户主的身体状况较好，这也是他们外出务工或务农的基本保障和前提。从婚姻状况来看，87.07％的样本户主已婚，仅有 12.93％的样本户主未婚或丧偶。

表 5-8　户主个人特征

变量	选项	人数（人）	比例（％）	变量	选项	人数（人）	比例（％）
性别	男	2 602	55.26		文盲/半文盲	1 201	25.50
	女	2 107	44.74		小学	1 241	26.35
年龄	16～44 岁	1 661	35.27		初中	1 538	32.66
	45～59 岁	2 300	48.84	受教育程度	高中	535	11.36
	60 岁以上	748	15.88		大专	127	2.7
健康状况	不健康	915	19.43		大学本科	61	1.3
	一般	620	13.17		研究生	6	0.13
	比较健康	1 854	39.47	婚姻状况	已婚	4 100	87.07
	很健康	644	13.68		未婚（丧偶）	609	12.93
	非常健康	676	14.36				

（2）家庭特征。表 5-9 显示的是样本的家庭特征，主要包括家庭人均年收入、家庭规模、住房数量以及老年抚养比和少儿抚养比等。从样本家庭人均年收入来看，0.5 万～1.5 万元之间的农户数量最多，有 2 099 户，占

---

① 据世界卫生组织的最新定义，44 岁及以下为青年人，45～59 岁为中年人，60 岁以上为老年人。

44.57％，0.5 万元以下的农户占比为 15.80％，2.5 万元以上的农户数量有 890 户，占 18.90％。可以看出，样本农户家庭人均年收入在 1.5 万元以下的占 60.37％，说明多数农户的收入水平还较低。从样本家庭规模来看，家庭规模在 3～5 人的农户数量最多，有 2 538 户，占比为 53.9％，超过了样本农户数量的一半；其次是家庭规模在 1～2 人的农户，有 1 173 户，占 24.91％；家庭规模在 5 人以上的农户有 998 户，占 21.19％。这说明样本农村家庭的规模主要在 3～5 人左右，家庭规模较大，也反映出中国农村社会宗亲观念深厚，父母与子女生活在一起，以地缘和血缘形成的宗族网络庞大。从老年抚养比和少儿抚养比来看，样本家庭中有 60 岁以上老人的家庭占 11.81％，有 16 岁以下儿童的家庭占 33.43％。这说明样本农村家庭老龄化现象比较严重，家庭的少儿抚养负担较高，也说明使用的数据能够客观地反映当前中国农村社会发展现状[1]。从样本农户的住房数量来看，85.45％的家庭只有一套住房，14.55％的家庭拥有一套以上的住房。

表 5 - 9　家庭特征

变量	选项	户数（户）	比例（％）	变量	选项	户数（户）	比例（％）
家庭人均收入	0.5 万元以下	744	15.80	家庭规模	1～2 人	1 173	24.91
	0.5 万～1.5 万元	2 099	44.57		3～5 人	2 538	53.9
	1.5 万～2.5 万元	976	20.73		5 人以上	998	21.19
	2.5 万元	890	18.90	老年抚养比	0	4 153	88.19
住房数量	1 套	4 024	85.45		0～1	556	11.81
	1 套以上	685	14.55	少儿抚养比	0	3 135	66.57
					0～1	1 574	33.43

2. 互联网使用特征描述性统计分析

（1）互联网使用与使用时长。表 5 - 10 显示了农户互联网使用情况和互联网使用时长的统计分布。从互联网使用情况来看，样本农户有 2 122 人未使用过互联网，占 45.06％，有 2 587 人使用互联网，占 54.95％。使用移动设备上网的有 2 097 人，占 44.53％，其余 55.47％的人未使用移动设备上网；仅有 472 人使用电脑上网，占 10.02％。可以看出，样本农户未使用过互联网的人数接近整个样本的一半，说明尽管近年来互联网发展迅猛，但在农村地区，

---

① 根据联合国的划分标准：一个国家或地区 65 岁以上的老人的占比超过 7％，即进入了人口老龄化社会。2019 年中国 65 周岁及以上的人口数量为 17 603 万人，占总人口的 12.57％。

还有较多的农户未使用过互联网，这可能是由于农村网络基础设施不足、农户对互联网的认知较弱造成的。其中使用互联网的农户也主要是通过移动设备（如手机）上网，使用电脑上网的农户比例很少。这是因为手机相比于电脑，在价格上更加便宜，操作上更加简单、方便。其次是使用电脑需要连通宽带、另外付费，操作也更加复杂，对农户来说没有移动设备上网便捷。从互联网使用时长来看，样本农户平均每天上网时长在 0～1.5 小时之间的有 1 287 人，占 27.33％，超过 3 小时的仅有 259 人，占 5.5％，有超过半数的农户没有时间上网。

表 5-10 互联网使用与使用时长统计

变量	选项	人数（人）	比例（％）
互联网使用情况	是	2 122	45.06
	否	2 587	54.94
移动设备上网	是	2 097	44.53
	否	2 612	55.47
电脑上网	是	472	10.02
	否	4 237	89.98
互联网使用时长	0	2 545	54.05
	0～1.5 小时/天	1 287	27.33
	1.5～3 小时/天	618	13.12
	3 小时/天以上	259	5.5

（2）互联网使用频率。表 5-11 显示了样本农户互联网使用频率情况，包括使用互联网学习频率、工作频率、社交频率、娱乐频率和商业活动频率。样本农户经常和频繁使用互联网学习的有 592 人，仅占 12.57％；经常和频繁使用互联网工作的有 488 人，占 10.37％；经常和频繁使用互联网进行商业活动的有 474 人，占 10.07％；经常和频繁使用互联网社交的有 1 776 人，占 37.71％；经常使用互联网进行娱乐的有 1 628 人，占 34.57％。可以看出样本农户使用互联网主要是以社交和娱乐为主，进行学习、工作和商业活动的较少，也进一步说明农户并没有将互联网技术应用到生产和工作中去。其中，有时利用互联网进行商业活动的有 500 人，占 10.62％，这可能是由于返乡农民工利用互联网平台进行创业的结果。

表 5 - 11　互联网使用频率统计

变量	选项	人数（人）	比例（%）	变量	选项	人数（人）	比例（%）
学习频率	从不	3 857	81.91	社交频率	从不	2 807	59.61
	偶尔	70	1.49		偶尔	13	0.28
	有时	190	4.03		有时	113	2.40
	经常	327	6.94		经常	607	12.89
	频繁	265	5.63		频繁	1 169	24.82
工作频率	从不	4 123	87.56	娱乐频率	从不	2 901	61.61
	偶尔	23	0.49		偶尔	27	0.57
	有时	75	1.59		有时	153	3.25
	经常	160	3.40		经常	689	14.63
	频繁	328	6.97		频繁	939	19.94
商业活动频率	从不	3 527	74.90				
	偶尔	208	4.42				
	有时	500	10.62				
	经常	340	7.22				
	频繁	134	2.85				

注："几乎每天"定义为频繁，"一周 3～4 次和一周 1～2 次"定义为经常，"一个月 2～3 次和一个月一次"为有时，"几个月一次"为偶尔。

3. 农户消费的描述性统计分析

（1）农户消费水平。表 5 - 12 显示了样本农户消费总支出情况。可以看出，家庭消费总支出在 4 万元以下的农户数量最多，占 56.55%。其中，农户消费水平主要集中在 1 万～4 万元之间，有 2 321 户，占 49.29%；家庭消费总支出在 1 万元以下的仅有 342 户，占 7.26%。家庭消费总支出在 4 万～7 万元的农户有 1 179 户，占 25.04%，家庭消费总支出在 10 万元以上的农户相对较少。由此可见，农村居民家庭消费水平总体偏低。

表 5 - 12　样本农户消费水平状况

变量	选项	户数（户）	比例（%）
农户消费总支出	1 万元以下	342	7.26
	1 万～4 万元	2 321	49.29
	4 万～7 万元	1 179	25.04
	7 万～10 万元	434	9.22
	10 万元以上	433	9.20

（2）农户消费结构。表 5 - 13 显示了样本农户消费结构情况。可以看出，农户食品消费在总消费支出中所占比例最大，占 34.76%，也就是说样本农户家庭的恩格尔系数为 34.76%，这与国家统计局公布的同时期全国农村居民恩格尔系数基本保持一致[1]。其次是居住、生活用品及服务、交通通信和医疗保健消费，分别占 13.64%、11.15%、11.76% 和 11.72%，文教娱乐消费和衣着消费占比较少。这说明食品消费依然在农户总消费中占据重要地位，居住消费（包括房租、水电费、房屋维修费等）所占比例不容忽视，而表征农户发展享受型消费的各项消费支出所占比例有待于进一步提高，以促进农村居民消费升级。

表 5 - 13   样本农户消费结构状况

消费类型	均值（元）	占比（%）
食品消费	14 781.48	34.76
衣着消费	2 524.98	5.93
居住消费	8 103.22	13.64
生活用品及服务消费	7 631.11	11.15
交通通信消费	4 961.41	11.76
文教娱乐消费	4 774.69	9.59
医疗保健消费	5 508.23	11.72
其他用品及服务消费	755.16	1.45
消费总支出	49 040.3	100

（二）回归结果分析

在进行模型估计之前，本书采用方差膨胀因子对变量进行了多重共线性检验，结果表明所有变量的 VIF 值最大为 1.91，均值为 1.26，故不存在共线性问题。基准模型的估计结果如表 5 - 14 所示。

由表 5 - 14 可以看出，互联网的使用对农户消费结构升级的影响系数为 0.014，且在统计上通过 10% 的显著性检验，说明与未使用互联网的农户相比，农户使用互联网更有利于推动家庭消费升级，这与祝仲坤（2020）等的研究结论保持一致。

就控制变量而言，性别对农户消费升级具有显著的负向影响。年龄对农户消费升级具有正向影响。健康状况对农户消费升级具有显著的负向影响，这可

---

[1]   国家统计局数据显示，2017 年全国农村居民人均消费支出为 10 955 元，农村恩格尔系数为 31.2%。

能是由于一些农民身体较差需要看病就医吃药等，提高了家庭的医疗保健消费支出。收入与家庭消费结构呈 U 形关系，即随着家庭人均收入的增加，农户发展型和享受型消费占比先下降后上升。住房数量影响系数为 0.011，且在统计上通过了 10% 的显著性检验，说明以住房数量为代表的家庭资产对农户发展型和享受型消费占比的扩大具有积极意义。少儿抚养比对农户消费升级具有显著的负向影响，即家庭中少儿比例越大，家庭的发展型和享受型消费支出越少，不利于农户消费结构升级。

表 5-14 互联网使用对农户消费结构升级影响的估计结果

变量类型	变量名称	系数	标准误	P 值
核心解释变量	互联网使用	0.014*	0.007	0.055
	性别	−0.012*	0.006	0.060
	年龄	0.728***	0.266	0.006
	年龄平方	−0.100***	0.036	0.006
	婚姻状况	0.029***	0.009	0.002
	受教育程度	0.002	0.003	0.594
控制变量	健康状况	−0.017***	0.002	0.000
	家庭人均收入	0.058	0.036	0.102
	家庭人均收入平方	−0.004**	0.002	0.045
	住房数量	0.011*	0.007	0.093
	老年抚养比	0.014	0.032	0.645
	少儿抚养比	−0.041*	0.022	0.059
	养老保险参与	0.016**	0.006	0.013
	常数项	−1.124**	0.508	0.027
地区效应		控制		
N		4 709		
R^2		0.06		

注：*、** 和 *** 分别表示数据在 10%、5% 和 1% 的水平上显著。

（三）稳健性检验与内生性处理

1. 倾向得分匹配

由于受数据或者变量的限制，在分析过程中可能存在选择性偏误。因此，本书采用 Rosenbaum 和 Rubin（1983）提出的倾向得分匹配法，通过构建反事实框架加以纠正，以减少模型存在的自选择问题。但是，倾向得分匹配法主要控制的是可观测变量的影响，若可观测变量选择不当或过少，则很容易引起估计偏差（陈强，2014）。由于没有足够的把握证明本书选取的可观测变量不存在任何纰漏，因此仅将倾向得分匹配法（PSM）用作稳健性检验。

在进行倾向得分匹配法分析前，要对匹配结果进行平衡性检验，检验结果如表 5－15 所示。本部分采用最小近邻匹配（1∶4）方法进行匹配。由表 5－15可以看出，匹配后大多数变量的标准化偏差均小于 10％，只有住房数量变量的偏差为 12.9％。从 t 值来看，除了受教育程度和住房数量外，其他变量的 T 检验结果不拒绝原假设（原假设为处理组和控制组无系统差异），说明对大多数变量的匹配效果较好，可以进行下一步分析。

表 5－15　倾向得分匹配平衡性检验

控制变量	匹配前均值		匹配后均值		偏差率	T 检验	
	处理组	控制组	处理组	控制组		t 值	P 值
性别	0.552	0.552	0.552	0.560	－1.6	－0.52	0.605
年龄	3.671	3.938	3.671	3.660	4.5	1.25	0.210
婚姻状况	0.862	0.877	0.863	0.851	3.5	1.10	0.272
受教育程度	2.887	2.069	2.882	2.798	7.7	2.38	0.017
自评健康	3.060	2.774	3.060	3.042	1.4	0.48	0.631
家庭人均收入	9.645	9.198	9.641	9.625	1.8	0.60	0.548
住房数量	1.206	1.136	1.205	1.148	12.9	4.18	0.000
老年抚养比	0.037	0.029	0.037	0.034	2.9	0.90	0.368
少儿抚养比	0.163	0.073	0.163	0.157	3.8	1.09	0.274

表 5－16 显示了不同匹配方式下的 ATT 值及其显著性。结果显示，在最小近邻匹配（1∶1）下，使用互联网的农村居民家庭消费占比为 0.458，与之匹配的未使用互联网的农村居民家庭消费占比为 0.414，处理组的平均处理效应（ATT）为 0.044，且在统计上通过了 1％的显著性检验，这说明在消除样本间可观测的系统性差异后，使用互联网对农户消费水平具有显著正向影响。在最小近邻匹配（1∶4）、核匹配、局部线性匹配和半径匹配下得到的结论一致。与此同时，在消费结构升级的回归分析中，不同匹配方式下处理组的平均处理效应（ATT）均显著为正，说明农户使用互联网能够提高其发展型和享受型消费占比。由此可见，研究结论是稳健可靠的。

表 5 - 16 PSM 估计结果[①]

匹配方法	处理组	控制组	ATT	标准差	t 值
最小近邻匹配（1∶1）	0.458	0.414	0.044***	0.013	3.22
最小近邻匹配（1∶4）	0.458	0.422	0.036***	0.011	3.37
核匹配	0.458	0.425	0.032***	0.009	3.33
局部线性匹配	0.458	0.421	0.037***	0.013	2.73
半径匹配	0.458	0.425	0.033***	0.010	3.20

注：*** 表示数据在 1% 的水平上显著。

2. 其他稳健性检验

为确保研究结论的稳健性，本节还采取了另外两种稳健性检验：第一，替换被解释变量。利用农户恩格尔系数表征家庭消费升级情况。根据已有研究可知，消费结构升级的核心在于生存型消费向发展型和享受型消费转变，由此而引发的服务性消费比例大幅上升，生存型消费下降，即家庭恩格尔系数下降（王小华等，2015；李江一等，2016；杜丹清，2017）。第二，替换核心解释变量，采用互联网使用频率、是否使用电脑上网、是否使用移动设备上网来重新估计。估计结果如表 5 - 17 所示。

表 5 - 17 中，回归（1）为第一种稳健性检验结果。结果显示，互联网的使用对农村家庭的恩格尔系数具有负向影响，但在统计上并不显著，影响效应也非常小。若仅从符号来看，农户使用互联网的确降低了家庭的恩格尔系数，这也从另一方面验证了前文结论的稳健性。回归（2）～（4）是第二种稳健性检验结果。可以看出，互联网使用频率对农户发展型和享受型消费占比具有正向影响，只是在统计上不具有显著性。使用移动设备上网和使用电脑上网的估计系数分别为 0.013 和 0.027，且分别在 10% 和 5% 的水平上显著性，说明农户无论是通过移动设备或电脑上网来实现互联网的使用，均能显著提高家庭的发展型和享受型消费占比，从而优化消费结构、推动农户消费升级。

表 5 - 17 其他稳健性检验

变量	回归（1） Y＝恩格尔系数	回归（2） Y＝发展型和享受型消费占比	回归（3） Y＝发展型和享受型消费占比	回归（4） Y＝发展型和享受型消费占比
互联网使用	−0.007 (0.006)			

[①] 表中半径匹配中半径为 0.01，最小近邻匹配中采取有放回方式。

（续）

变量	回归（1） Y＝恩格尔 系数	回归（2） Y＝发展型和 享受型消费占比	回归（3） Y＝发展型和 享受型消费占比	回归（4） Y＝发展型和 享受型消费占比
互联网使用频率	0.164 (0.101)			
移动上网		0.013* (0.007)		
电脑上网			0.027** (0.011)	
控制变量	控制	控制	控制	控制
地区效应	控制	控制	控制	控制
常数项	1.037** (0.458)	−1.223** (0.505)	−1.124** (0.508)	−1.267** (0.505)
N	4 709	4 709	4 709	4 709
R^2	0.089	0.060	0.060	0.060

注：*、**分别表示数据在10%、5%的水平上显著。

3. 内生性处理

上述基准回归结果表明，互联网的使用对农户消费结构升级具有显著的正向影响，但并未充分考虑到潜在的内生性问题。一般而言，内生性问题的产生主要有三个原因：测量误差、遗漏变量以及联立因果（陈强，2014）。从遗漏变量方面来看，互联网的使用与消费都是根据个人意愿做出的决策，这些决策可能会受到个人性格、个人主观看法等不可观测事物的影响，从而造成遗漏变量问题，致使估计系数可能存在偏差。另外，农村居民可能会为了消费便捷而去购买互联网设备，如手机、电脑等，从而产生反向因果问题。

由于本节所采用的数据来自中国家庭追踪调查数据（CFPS），由调查员入户或进行电话访谈形成调查数据，有效避免了测量误差。数据具有一定的可信度和权威性，质量较高，同时在数据处理时，消除了异常值和极端值，因而可以排除测量误差的内生性问题。对于可能存在的遗漏变量和反向因果问题，本节将采用工具变量法来解决。借鉴刘旭洋（2020）等的研究，采用农村家庭成员对互联网的重视程度作为互联网使用的工具变量。有效的工具变量必须满足两个条件：相关性和外生性（Staiger，1994）。从相关性来看，农村家庭对互联网越重视，越有可能购置上网设备，因此与是否使用互联网具有紧密的相关性。从外生性来看，农村家庭对互联网的重视程度即使对消费产生影响，也会通过使用互联网这一渠道间接产生。因此，从逻辑上判断，农村家庭对互联网的重视程度满足作为工具变量的相关性和外生性条件。当然，使用工具变量进行实证分析之前，还需进一步对工具变量的有效性进行检验，具体包括弱工具变量检验和不可识别检验（陈强，2014）。

由表 5-18 可知，Anderson LM 统计量为 2 148.783，且在 1% 的水平上通过显著性检验，说明选取的工具变量不存在不可识别问题。*Cragg—Donald Wald F* 统计量为 3 917.840，远远大于 Stock—Yogo 检验 10% 偏误下 16.38 的临界值，可以拒绝 "存在弱工具变量" 的原假设（Stock et al.，2005）。以上检验表明，使用 "互联网重视程度" 作为工具变量能准确识别互联网使用对农户消费结构升级的影响。表 5-18 中，回归（1）～（3）为运用 2SLS 方法再估计的结果，回归（3）控制了个体特征、家庭特征和地区效应。可以看出，回归（1）～（3）中互联网使用对农户消费升级的影响系数均显著为正，与前文的基准估计结果相比，在符号和显著性上保持一致。这说明在考虑内生性的条件下，与不使用互联网的农户相比，使用互联网将使农户的发展型和享受型消费占比提升 3.2 个百分点。

表 5-18 工具变量回归结果

变量	回归（1）	回归（2）	回归（3）
互联网使用	0.019*	0.028***	0.032***
	(0.009 8)	(0.010 0)	(0.010 1)
个体特征	控制	控制	控制
家庭特征	不控制	控制	控制
地区效应	不控制	不控制	控制
常数项	−0.946**	−0.848	−0.994*
	(0.463)	(0.526)	(0.520)
Anderson LM	2 188.092	2 165.488	2 148.783
Cragg—Donald Wald F	4 080.363	3 997.216	3 917.840
N	4 709	4 709	4 709
R^2	0.020	0.030	0.059

注：第二阶段的控制变量、地区效应均已控制。

三、异质性分析

1. 年龄分组
农民数字赋能差异主要体现在年龄差异方面，即不同年龄段群体对互联网的认知和使用时间可能存在差异。因此，按户主年龄将农村居民分为青年组、中年组和老年组，其中青年组为 40 岁以下户主，中年组为 40～60 岁户主，老年组为 60 岁以上户主，依次对农户消费水平、消费结构升级进行回归分析，结果如表 5-19 所示。

结果显示，首先，互联网的使用对户主为青年人、中年人和老年人的农村家庭提高消费水平均具有显著的正向作用。其中，户主为青年人的农村家庭使用互联网对其消费水平的提升作用最大，其次为老年组，对中年组的影响效应最小。其次，互联网的使用对户主为青年人的农村家庭的消费结构升级具有显著的促进作用，而对户主为中年人和老年人的农村家庭影响不显著。说明互联的使用能够促进青年人增加发展型和享受型消费占比，但对中老年人而言则无显著的促进作用。

总体来看，互联网的使用对户主为青年人的农村家庭的消费水平提升更强，更有助于其提高发展型和享受型消费支出占比，促进消费结构升级。其原因可能在于，青年人更加熟悉互联网，对互联网的学习能力强，网络消费的倾向也高于中老年人。

表 5-19   年龄异质性估计结果

变量	分类水平	消费水平	消费结构升级
互联网使用	青年	0.291 ***	0.042 ***
		(0.092)	(0.014)
	中年	0.124 ***	0.009
		(0.032)	(0.008)
	老年	0.239 ***	−0.010
		(0.053)	(0.024)

注：其他控制变量与基准回归模型相同，均已控制。同表 5-20～表 5-22。

2. 受教育程度分组

农民数字化赋能差异还可能由于受教育程度不同而产生差异，以受教育程度分组的异质性估计结果如表 5-20 所示。结果显示，户主为初中以下学历、初中学历、高中及以上学历的农村家庭使用互联网对其消费水平提升均有显著的促进作用，且受教育程度越高，影响效应越强。从消费升级来看，户主为初中以下学历和初中学历的农村家庭使用互联网对其消费结构升级的影响不显著，而户主为高中及以上学历的农村家庭使用互联网能够显著提高发展型和享受型消费支出的占比，促进家庭消费由生存型向发展型和享受型转变，实现消费结构升级。这是可能是由于受教育程度一般与收入成正相关关系，也就是说受教育程度越高，其消费能力越强。受教育程度高的农户家庭对互联网的认识也更加深入，会有较高的网络消费倾向。

表 5 - 20　受教育程度异质性估计结果

变量	分类水平	消费水平	消费结构升级
受教育程度	初中以下	0.147***	0.005
		(0.038)	(0.010)
	初中	0.161***	0.009
		(0.044)	(0.012)
	高中及以上	0.205***	0.050***
		(0.073)	(0.019)

3. 家庭收入分组

按照家庭收入进行分组，将家庭收入分为中低收入组和中高收入组，估计结果如表 5 - 21 所示。结果显示，农户使用互联网对农村中低收入组和中高收入组家庭消费水平提升均具有显著的促进作用，且对中高收入组的影响更强。从消费结构升级来看，中高收入组农户家庭使用互联网能够显著促进家庭消费结构升级，提高发展型和享受型消费支出占比，但对中低收入组家庭的影响并不显著。其原因可能在于：收入是消费的前提和基础，收入水平的高低往往决定了消费能力的强弱。同时，收入水平较高的农村家庭更能够利用互联网改善消费观念和消费行为，从而优化其消费结构。

表 5 - 21　不同家庭收入层级的估计结果

变量	分类水平	消费水平	消费结构升级
家庭收入	中低水平	0.157***	−0.002
		(0.037)	(0.010)
	中高水平	0.266***	0.019**
		(0.036)	(0.009)

4. 不同消费水平分组

以上分析已表明，互联网的使用对农户消费水平提高和消费结构升级具有显著的促进作用，但这只是变量间的平均影响程度，无法考察农村居民家庭间的内部差异。为此，本书进一步采用分位数回归方法考察消费分层的变化。

表 5 - 22 展示了分位数回归下农户消费结构升级在不同分位点的估计结果。分析表中结果可知，在 10％、30％ 和 50％ 分位点上，互联网的使用对农户发展型、享受型消费支出占比具有显著的正向作用，而对高分位点（70％ 和

90%）的促进作用不明显。从具体数值来看，在 10% 分位点上，互联网的使用对农户发展型和享受型消费支出占比的影响系数为 0.019，在 30% 分位点上的估计系数为 0.015，在 50% 分位点上其影响系数上升到 0.022。总的来说，互联网的使用对低分位点的农户扩大发展型和享受型消费支出更为有利，效果也更加明显。

表 5 - 22　分位数回归结果

变量	$Q=10$	$Q=30$	$Q=50$	$Q=70$	$Q=90$
互联网使用	0.019**	0.015*	0.022**	0.013	0.018
	(0.009)	(0.009)	(0.009)	(0.011)	(0.014)
控制变量	控制	控制	控制	控制	控制
地区效应	控制	控制	控制	控制	控制
常数项	−1.092*	−1.617**	−1.974***	−1.121	−0.104
	(0.655)	(0.661)	(0.660)	(0.783)	(1.030)
N	4 709	4 709	4 709	4 709	4 709

本章小结

本章利用我国 2009—2022 年的省级面板数据，从宏观层面实证检验了农村互联网发展对农村居民消费结构的影响效应，同时利用中国家庭追踪调查（CFPS）数据，从微观层面分析了互联网的使用对农户消费结构升级及其异质性的影响。研究发现：

第一，在省级宏观层面，农村互联网发展提高了交通通信和文教娱乐等发展型消费支出份额，减弱了食品和衣着等生存型消费的支出份额，推动农村居民家庭消费由生存型向发展型转变，有利于农村居民家庭消费的结构优化和升级。收入效应在农村互联网发展与农村居民消费结构升级之间发挥了部分中介效应。

第二，在微观家庭层面，互联网的使用对农户发展型和享受型消费支出的影响系数为 0.014，且在统计上通过 10% 的显著性检验，说明与未使用互联网的农户相比，农户使用互联网更有利于推动家庭消费升级。从年龄来看，互联网的使用对户主为青年人的农村家庭提高消费水平和优化消费结构的作用最大。从受教育程度来看，户主受教育程度越高，对家庭消费水平的提升作用越大；同时户主为高中及以上学历的农村家庭使用互联网能够显著提高发展型和享受型消费支出的比例，推动家庭消费结构升级。从家庭收入来看，农户使用互联网对农村中低收入组和中高收入组家庭的消费水平提升具有显著的促进作用，且对中高收入组的影响更强；中高收入组农户家庭使用互联网能够显著促进家庭消费结构升级，提高发展型和享受型消费支出的比例。从消费分层来看，互联网的使用对低分位点的农户扩大发展型和享受型消费支出更为有利，效果也更加明显。

互联网发展对居民消费差距影响的实证分析

第四章和第五章从消费水平和消费结构出发，实证检验了农村互联网发展对农村居民消费水平和消费结构的影响效应。本章将从消费差距视角出发，探讨互联网发展对居民消费差距影响。首先，基于 2009—2022 年的省级面板数据，通过构建固定效应模型、中介效应模型和空间计量模型，实证检验了农村互联网发展对城乡居民消费差距的影响机制和空间溢出效应。其次，利用中国家庭追踪调查（CFPS）数据，通过构建 OLS 模型、中介效应模型等，实证检验了互联网的使用对农村居民内部消费差距的影响效应和作用机制。

第一节　互联网发展对城乡居民消费差距的影响

一、模型构建与变量选取

（一）模型构建

为考察我国农村互联网发展对城乡居民消费差距的影响，构建如下的基准计量模型：

$$GAP_{it} = \beta_1 + \beta_2 \, INT_{it} + \beta_3 \, X_{it} + \varepsilon_{it} \qquad (6-1)$$

式（6-1）中，i 表示地区，t 表示时间，GAP_{it} 表示城乡居民消费差距，INT_{it} 表示农村互联网发展水平，X_{it} 表示一组控制变量，ε_{it} 表示随机扰动项。β_1 表示模型的截距项，β_2 表示核心解释变量的估计系数。

同时，为验证收入效应在互联网发展影响城乡居民消费差距中是否具有中介作用，在式（6-1）的基础上，分别构建了互联网发展对城乡居民收入影响的计量模型：

$$U-INC_{it} = \alpha_1 + \alpha_2 \, INT_{it} + \alpha_3 \, X_{it} + \varepsilon_{it} \qquad (6-2)$$

$$R-INC_{it} = \gamma_1 + \gamma_2 INT_{it} + \gamma_3 X_{it} + \varepsilon_{it} \qquad (6-3)$$

式（6-2）和（6-3）中，i 表示地区，t 表示时间，$U-INC_{it}$ 表示城镇居民人均可支配收入，INT_{it} 表示农村互联网发展水平，$R-INC_{it}$ 表示农村居民人均可支配收入。此外还控制了其他影响居民收入的变量（X_{it}），包括产业结构、交通基础设施、城镇化等，ε_{it} 为随机扰动项。

（二）变量选取

1. 被解释变量：城乡居民消费差距

目前，学术界关于城乡居民消费差距的测度主要有三种：一是绝对消费差距，用城乡居民人均消费支出的差值表示（贾卫丽，2020；罗又一，2021）；二是相对消费差距，用城乡居民人均消费支出的比值表示（王箫旭，2015；王健等，2020）；三是借鉴 Theil（1967）测算收入差距的方法来测算城乡居民消费差距（徐敏，2015；程名望等，2019；张彤进等，2021）。本节借鉴程名望等（2019）的做法，采用泰尔指数测算城乡居民消费差距。计算方法为：

$$THL_{it} = \sum_{i=1}^{2} \left(\frac{C_{it}}{C_t} \right) \ln \frac{C_{it}/P_{it}}{C_t/P_t} \qquad (6-4)$$

其中，C_{it} 表示 t 时期农村或城镇居民的总消费支出，C_t 表示 t 时期的总消费，P_{it} 表示 t 时期农村或城镇的人口数量，P_t 表示 t 时期的总人口。

2. 核心解释变量：农村互联网发展水平

使用第二章中采用熵值法测度的 2009—2022 年各省份农村互联网发展水平综合指数。同时借鉴赵浩鑫等（2019）的研究，以农村电脑普及率和移动电话普及率作为稳健性检验指标，其中电脑普及率以农村每百人拥有的电脑数量表征，移动电话普及率以农村每百人拥有的移动电话数量衡量。

3. 控制变量

①农民收入水平，以农村居民人均可支配收入表征，并对其取对数。②产业结构，以第三产业产值增加值占地区生产总值的比重衡量。③城乡收入差距。通常来说，农民收入低于城镇居民收入，当城乡收入差距扩大时，农民的收入会相对降低，这制约着农村居民生活水平和消费水平的提升。本书利用城镇居民人均可支配收入与农村居民人均可支配收入的比值衡量城乡收入差距。④农村人口抚养比，包括少儿人口抚养比和老年人口抚养比，以农村非劳动年龄人口数与劳动年龄人口数之比表征。⑤财政支农水平，用各省份财政支出中的农林水利支出占总财政支出的比值表示。⑥经济开放水平。以各省份进出口额与地区生产总值之比表示，各省份进出额以当年汇率进行了换算。

本书以我国 31 个省（自治区、直辖市）2009—2022 年的面板数据为研究样本，数据主要来源于《中国统计年鉴》《中国农村统计年鉴》《中国人口和就业统计年鉴》以及各省份统计年鉴和统计资料。所有变量均由作者通过计算、整理而得，对于个别缺失数据，采取了线性插值法进行补齐，最终获得了434个样本。各变量的描述性统计如表6-1所示。

表6-1　变量的描述性统计

变量	变量含义	平均值	标准差	最小值	最大值
THL	城乡居民消费差距	0.071	0.045	0.007	0.216
INT	农村互联网发展水平	0.309	0.068	0.085	0.465
INC	农村居民人均可支配收入取对数	9.313	0.522	7.895	10.589
TER	第三产业产值增加值占地区生产总值的比值	0.471	0.098	0.286	0.838
GAP	城乡收入比	2.595	0.509 2	1.291 4	4.281
PDR	人口抚养比	37.933	7.165	19.270	56.710
FIS	财政支农水平	0.115	0.033	0.035	0.203
TRA	经济开放水平	0.133	0.141	0.021	0.717

二、实证结果分析

（一）基准回归结果

在表6-2中，回归（1）为核心解释变量对被解释变量的估计结果，回归（2）是加入其他控制变量的估计结果，回归（3）是在回归（2）的基础上考虑了时间效应的双向固定效应估计结果。

由表6-2可知，农村互联网发展水平综合指数的估计系数为-0.017［回归（3）］，且通过了1%的显著性检验，这说明农村互联网发展对缩小城乡居民消费差距具有显著的影响。在回归（1）和回归（2）中农村互联网发展水平的估计系数与回归（3）中的估计结果相近。实际上，1958年之后，我国实行了严格的户籍管理制度，特别是改革开放之后，实行的城市导向型发展政策使我国出现了城乡二元经济结构。由于农业部门生产率低于非农业部门，导致农村居民收入增长低于城镇居民，因而其消费能力也就低于城镇居民，较低的消费能力往往使农村居民的消费需求得不到满足。此外，农村信贷市场不发达和农民缺乏抵押品以及担保能力，也无法充分释放和满足农村居民的消费需求。但随着互联网的发展和应用，为释放农村居民消费需求提供了可能。首先，互联网技术应用于农业生产，可以提高农业生产率，增加农民经营性收入；同时互联网发展促进了农村居民非农就业和创业，提高了农民的工资性收入。其次，互联网技术和金融业结合而产生的互联网金融，改变了传统农村金融受抑制状态。互联网金融为农村居民提供了新的资金供给渠道，有效弥补了农村消费需求不足的问题。因此互联网发展有助于缩小城乡居民消费差距。

从控制变量来看，农民收入对城乡居民消费差距的影响系数为-0.020，且在5%的水平上显著，说明农民收入增长能够显著缓解城乡居民消费差距。产业结构的估计系数显著为正，表明产业结构升级将会扩大城乡居民消费差距。城乡收入差距的估计系数为0.034，且通过了1%的显著性检验，说明城乡收入差距扩大不利于缩小城乡居民消费差距。此外，地区经济开放程度越高，越有助于缓解城乡居民消费差距，而农村人口抚养比过高则会扩大城乡居民消费差距。因此，加快推进我国新型城镇化建设，增加对农民的财政转移性支付，多维度提高农民收入，缩小城乡收入差距，对于缩小城乡居民消费差距具有重要意义。

表6-2　农村互联网发展对城乡居民消费差距影响的估计结果

变量	回归（1）FE	回归（2）FE	回归（3）FE
INT	-0.071***	-0.016***	-0.017***
	(0.002)	(0.004)	(0.003)
INC		-0.034***	-0.020**
		(0.005)	(0.008)
TER		-0.028	0.044*
		(0.020)	(0.023)
GAP		0.036***	0.034***
		(0.004)	(0.004)
PDR		0.019**	0.025**
		(0.008)	(0.010)
FIS		0.080	0.098**
		(0.051)	(0.047)
TRA		-0.018**	-0.039***
		(0.008)	(0.008)
时间效应	否	否	是
常数项	-0.037***	0.209***	0.043
	(0.003)	(0.053)	(0.082)
N	434	434	434
R^2	0.761	0.878	0.906

注：*、** 和 *** 分别表示数据在10%、5%和1%的水平上显著，括号内的数字为标准误。同表6-3～表6-9。

（二）稳健性检验与内生性处理

1. 稳健性检验

本节采用替换核心解释变量和被解释变量两种方式进行稳健性检验。第一，替换核心解释变量，以农村移动电话普及率（INT1）和农村电脑普及率（INT2）替换农村互联网发展水平（INT），农村移动电话普及率以农村居民每百人拥有的移动电话数量表征，农村电脑普及率以农村居民每百人拥有的电脑数量表征。第二，替换被解释变量，以绝对消费差距和相对消费差距替代泰尔指数。估计结果如表6-3所示，其中，回归（1）和回归（2）为替换核心解释变量的估计结果，回归（3）和回归（4）为替换被解释变量的估计结果。

由表6-3可知，农村移动电话普及率和电脑普及率的估计系数分别为-0.105和-0.054，且通过了1%的显著性检验，说明农村移动电话普及率和电脑普及率能够显著缓解城乡居民消费差距［回归（1）和回归（2）］。农村互联网发展对城乡居民相对消费差距的影响系数为-0.088，且通过了10%的显著性检验，说明农村互联网发展有助于缓解城乡居民相对消费差距［回归（4）］，但对城乡居民绝对消费差距的影响在统计上不显著［回归（3）］。总体而言，前文的估计结果具有一定的稳健性。

表6-3 稳健性检验结果：替换变量

变量	替换解释变量		替换被解释变量	
	回归（1）	回归（2）	回归（3）	回归（4）
INT1	-0.105***			
	(0.014)			
INT2		-0.054***		
		(0.006)		
INT			0.009	-0.088*
			(0.070)	(0.045)
控制变量	是	是	是	是
常数项	0.399***	0.025	5.335***	4.863***
	(0.130)	(0.139)	(0.637)	(0.408)
N	434	434	434	434
R^2	0.765	0.777	0.848	0.726

2. 内生性处理

一般而言，内生性问题产生的原因在于测量误差、遗漏变量以及联立因果问题（陈强，2014）。首先，由于本节所采用的数据来自国家（地方）统计部门的统计数据，数据具有一定的可信度和权威性，同时在数据处理上消除了异常值，因而不存在测量误差的内生性问题。其次，本节采用固定效应模型，并控制了同类文献中常用来影响城乡消费差距的解释变量，解决所存在的遗漏变量问题。最后，对于可能存在的联立因果问题，本节拟采用工具变量法来解决。目前有较多的学者采用解释变量的滞后期作为工具变量（Barroand，1994；韩宝国，2014）。由于滞后变量与当期值高度相关，而且与当期误差项不相关，因此符合工具变量的基本要求。借鉴已有研究（郭家堂，2016；罗超平，2021），选择互联网发展水平的滞后一期作为工具变量对基准模型进行IV－2SLS再估计，估计结果如表6－4所示[①]。

表6－4的估计结果显示，农村互联网发展水平综合指数的估计系数为－0.018，且通过了1%的显著性检验，与前文的估计结果相比，在符号和显著性上保持一致。其他控制变量的回归结果与前文相比，也具有较高的一致性。因此，可以看出在使用工具变量克服内生性问题后，依然可以得到农村互联网发展缩小城乡居民消费差距的研究结论。

表6－4 内生性处理：IV－2SLS估计结果

	INT	INC	TER	GAP	PDR	FIS	TRA
THL	−0.018***	−0.042***	−0.042***	0.031***	0.028***	0.059	−0.021**
	(0.005)	(0.005)	(0.005)	(0.004)	(0.008)	(0.054)	(0.008)

（三）异质性分析

1. 分类型讨论

参考向玉冰（2018）等的研究，将城乡居民消费差距分为三类，即城乡居民生存型消费差距、发展型消费差距和享受型消费差距。估计结果如表6－5所示。

由表6－5可知，在固定效应模型中，农村互联网发展对城乡居民生存型消费差距和享受型消费差距的影响系数分别为－0.014和－0.057，且均在1%的水平上显著，对发展型消费差距的影响在统计上不显著。在采用工具变量的回归结果中，农村互联网发展对城乡居民生存型消费差距、发展型消费差距和享受型消费差距的影响系数分别为－0.004、－0.005和－0.008，且至少在10%的水平上显著性。这表明农村互联网发展对城乡居民消费差距的减缓作用

---

① Hausman 检验结果显示，chi^2（8）＝15.47，且通过了10%的显著性检验，说明农村互联网发展水平为内生变量。*Anderson LM* 统计量为255.385，且在1%的水平上通过显著性检验，说明选取的工具变量不存在不可识别问题。*Cragg-Donald Wald F* 统计量为799.349，远远大于Stock-Yogo检验10%偏误下16.38的临界值，可以拒绝"存在弱工具变量"的原假设。

是通过缩小生存型、发展型和享受型消费差距体现的。

另外，从系数值大小来看，无论是在固定效应模型还是在工具变量回归模型中，农村互联网的发展对城乡居民享受型消费差距的影响效应最大，对生存型消费差距的影响效应最小。这是由于改革开放之后，我国农村居民收入水平得到了较大提升，消费观念也发生着潜移默化的转变，特别是互联网的普及与应用，推动了农村居民消费结构升级，农村居民消费正在由基本的生存型向发展型和享受型消费转变。再加上农村地区金融抑制突出，使得农村地区消费需求无法得到充分的满足和释放。互联网技术的发展和普及，加强了社会的互联互通，促进了城乡之间的要素流动，实现了资源的优化配置和信息共享，充分释放了农村居民的消费需求。

表6-5　分类型农村互联网发展对城乡居民消费差距影响的估计结果

变量	生存型消费差距		发展型消费差距		享受型消费差距	
	FE	2SLS	FE	2SLS	FE	2SLS
INT	−0.014 ***	−0.004 **	−0.007	−0.005 *	−0.057 ***	−0.008 ***
	(0.004)	(0.002)	(0.007)	(0.003)	(0.007)	(0.003)
INC	−0.003	−0.024 ***	−0.080 ***	−0.100 ***	−0.033 *	−0.071 ***
	(0.009)	(0.006)	(0.016)	(0.010)	(0.017)	(0.010)
TER	−0.017	0.012	0.220 ***	0.015	0.086 *	−0.073 **
	(0.024)	(0.022)	(0.046)	(0.034)	(0.049)	(0.034)
GAP	0.029 ***	0.025 ***	0.064 ***	0.027 ***	0.010	0.023 ***
	(0.004)	(0.004)	(0.008)	(0.006)	(0.008)	(0.006)
PDR	0.008	0.016 **	0.069 ***	0.077 ***	0.028	0.007
	(0.011)	(0.007)	(0.020)	(0.011)	(0.021)	(0.011)
FIS	0.187 ***	0.179 ***	−0.006	−0.138 *	−0.020	0.166 **
	(0.050)	(0.050)	(0.094)	(0.077)	(0.102)	(0.078)
TRA	−0.034 ***	−0.002	−0.042 **	0.056 ***	−0.062 ***	0.021 *
	(0.009)	(0.007)	(0.017)	(0.011)	(0.018)	(0.012)
常数项	−0.034		0.308 *		0.308 *	
	(0.088)		(0.164)		(0.164)	
N	434	403	434	403	434	403
R^2	0.754	0.870	0.870	0.726	0.830	0.708

2. 分区域讨论

由于我国幅员辽阔，各地区存在较大的资源禀赋差异，导致经济发展水平差异较大。因此，考虑到我国各地区发展的不均衡性，将全国分为东、中、西三大地区，以考察农村互联网发展对城乡居民消费差距影响的区域差异。估计结果如表6-6所示。可以看出，农村互联网发展对东部和中部地区城乡居民消费差距具有显著的负向影响，对西部地区的影响在统计上不显著，表明农村互联网发展对城乡居民消费差距的影响在区域间呈现出明显的异质性。

表6-6 分地区农村互联网发展对城乡居民消费差距影响的估计结果

变量	回归（1）	回归（2）	回归（3）
	东部地区	中部地区	西部地区
INT	−0.061***	−0.062***	−0.001
	(0.014)	(0.022)	(0.019)
控制变量	是	是	是
时间效应	是	是	是
省份效应	是	是	是
常数项	4.026***	0.374	−0.164
	(0.889)	(1.046)	(0.300)
N	154	112	168
R^2	0.550	0.942	0.900

（四）机制分析

经典的消费理论认为，收入是影响消费的关键性因素。因此，本部分主要从互联网对收入影响的视角分析互联网对城乡消费差距影响的作用机理。检验结果如表6-7所示。

表6-7（Panel A）中，回归（1）和回归（4）为核心解释变量对被解释变量的估计结果，回归（2）和回归（5）为加入控制变量后的估计结果，回归（1）、回归（2）、回归（4）和回归（5）均采用固定效应模型进行估计。考虑到可能存在的内生性问题以及居民收入的时间惯性，还采用了广义矩估计方法（GMM）进行估计。回归（3）和回归（6）为系统GMM模型估计的结果（Sargan检验结果显示不存在过渡识别问题）。

结果显示，回归（1）和回归（2）中，农村互联网发展对城市居民收入的影响系数分别为0.735和0.362，且均通过了1%的显著性检验。回归（4）和回归（5）中，农村互联网发展对农村居民收入的影响系数分别为0.908和0.380，且均在1%的水平上显著。这说明在固定效应模型下，无论是否加入控制变量，农村互联网的发展对城乡居民收入水平均具有显著的促进效果。回归（3）和回归（6）的结果显示，农村互联网发展对城镇居民收入水平的提升并无明显作用，对农村居民收入水平的提高具有显著的促进作用。

一般来说，农村互联网发展对城镇居民收入的影响有限。因此，用省域互联网发展水平作进一步检验。省域互联网发展水平以各省份的互联网普及率（Internet）表示，即互联网使用人数占总人数的比重。结果显示（表6-7，Panel B），无论是否加入控制变量，省域互联网发展对城乡居民收入水平的提升均有显著的促进作用。从系数值来看，省域互联网发展对农村居民收入水平的提升作用大于城镇居民。这说明省域互联网发展对农村居民收入提升具有后发优势，有助于降低城乡居民收入差距，让农村居民"敢消费"和"消费得起"，进而缩小城乡居民消费差距。

表6-7　互联网发展对城乡居民收入影响的估计结果

	Panel A					
变量	Y=城镇居民人均可支配收入			Y=农村居民人均可支配收入		
	回归（1）	回归（2）	回归（3）	回归（4）	回归（5）	回归（6）
$L.INC-u$			0.946***			
			(0.011)			
$L.INC-r$						0.649***
						(0.006)
INT	0.735***	0.362***	−0.007	0.908***	0.380***	0.113***
	(0.017)	(0.026)	(0.009)	(0.022)	(0.035)	(0.009)
控制变量	否	是	是	否	是	是
常数项	11.404***	9.710***	0.652***	10.698***	9.238***	2.844***
	(0.026)	(0.245)	(0.119)	(0.034)	(0.324)	(0.059)
N	434	434	403	434	434	403
	Panel B					
变量	Y=城镇居民人均可支配收入			Y=农村居民人均可支配收入		
	回归（7）	回归（8）	回归（9）	回归（10）	回归（11）	回归（12）
$L.INC-u$			0.942***			
			(0.009)			
$L.INC-r$						0.456***
						(0.014)
INT	2.645***	1.589***	0.044*	3.302***	2.008***	1.149***
	(0.040)	(0.113)	(0.024)	(0.050)	(0.161)	(0.054)
控制变量	否	是	是	否	是	是
常数项	8.918***	8.313***	7.611***	6.722***	0.545***	5.132***
	(0.021)	(0.094)	(0.027)	(0.134)	(0.088)	(0.142)
N	434	434	403	434	434	403

（五）空间溢出效应分析

根据地理学第一定律可知，任何事物之间都必然存在着某种相关性，只是相近事物间的这种相关性更强（Tobler，1970）。本书理论分析也发现，互联网技术存在空间溢出效应。在进行研究时，若只考虑互联网发展对本地区城乡居民消费差距的影响，而忽视地区间的空间关联性，可能会得出有偏误的研究结果。因此，在研究互联网发展对城乡居民消费差距的影响效应时，还应考虑地区间的空间关联性，分析其空间溢出效应。空间计量模型[①]能够有效分析要素间存在的空间效应，尤其是研究要素之间的空间自相关关系时，用空间计量模型进行估计能使研究结果更为准确。

空间滞后模型（SLM）、空间误差模型（SEM）和空间杜宾模型（SDM）是三种常见的空间计量模型。表6-8报告了邻接矩阵下农村互联网发展对城乡居民消费差距影响的空间计量模型估计结果。从回归结果的对数似然比值和R^2来看，所构建模型的解释力较强。从空间相关系数来看，三种空间计量模型下，模型的空间相关系数ρ和λ均显著为正，说明各省域间城乡居民消费差距有显著的空间正向关联效应和空间溢出效应。

首先分析表6-8中核心解释变量的估计结果。在SLM模型、SEM模型和SDM模型中，农村互联网发展水平的估计系数分别为-0.048、-0.054和-0.044，且均通过了1%的显著性检验。这与前文中使用双固定效应模型得到的结果基本保持一致，也进一步说明所得结论具有较强的稳健性。从控制变量来看，在三种空间计量模型中，农民收入对城乡居民消费差距具有显著的负向影响，即农民收入增加能够显著缓解城乡居民消费差距。产业结构升级和城乡收入差距扩大会使城乡居民消费差距扩大。提高财政支农水平有助于缩小城乡居民消费差距。地区经济开放程度越高，越有助于缓解城乡居民消费差距。

表6-8　农村互联网发展对城乡居民消费差距影响的空间计量模型的估计结果

变量	回归（1）	回归（2）	回归（3）
	SLM	SEM	SDM
INT	-0.048***	-0.054***	-0.044***
	(0.010)	(0.010)	(0.010)
INC	-0.050***	-0.092***	-0.072***
	(0.013)	(0.014)	(0.020)
TER	0.263***	0.324***	0.215***
	(0.051)	(0.057)	(0.058)

① 具体有关空间计量模型的构建与方法介绍前文已做详细说明，此处不再赘述。

（续）

变量	回归（1）	回归（2）	回归（3）
	SLM	SEM	SDM
GAP	0.045***	0.044***	0.030***
	(0.011)	(0.012)	(0.011)
PDR	0.055***	0.055**	−0.003
	(0.021)	(0.026)	(0.028)
FIS	−0.406***	−0.459***	−0.253*
	(0.134)	(0.150)	(0.143)
TRA	−0.028	−0.021	−0.042*
	(0.021)	(0.023)	(0.023)
Spatial rho	0.332***		0.239***
	(0.051)		(0.059)
lambda		0.338***	
		(0.069)	
Log-likelihood	870.886	862.583	907.341
N	434	434	434
R^2	0.475	0.466	0.405

由于上述空间相关系数显著不为 0，说明农村互联网发展对城乡居民消费差距影响的边际效应并不是这些系数。其直接效应和空间溢出效应还有待于进一步进行效应分解。本书采用偏微分的方法进行效应分解（Lesage，2009），结果如表 6-9 所示。

在空间滞后模型（SLM）中，农村互联网发展对城乡居民消费差距影响的直接效应、间接效应和总效应分别为 −0.049、−0.022 和 −0.071，且均在1% 的统计水平上显著。说明本省份农村互联网发展不仅能缩小本省份城乡居民消费差距，还有助于邻近省份城乡居民消费差距收敛。在空间杜宾模型（SDM）中，农村互联网的发展对城乡居民消费差距影响的直接效应、间接效应和总效应分别为 −0.046、−0.051 和 −0.097，且至少在 5% 的统计水平上显著，与空间滞后模型（SLM）的结果一致。互联网发展可以视为一种技术进步，因而其具备技术进步的扩散效应。同时由于消费存在示范效应，两种效应的叠加使得互联网技术的发展能够影响相邻地区城乡居民的消费差距。

表 6 - 9 空间效应分解结果

变量	直接效应		间接效应		总效应	
	SLM	*SDM*	*SLM*	*SDM*	*SLM*	*SDM*
INT	−0.049***	−0.046***	−0.022***	−0.051**	−0.071***	−0.097***
	(0.010)	(0.010)	(0.006)	(0.021)	(0.015)	(0.024)
INC	−0.052***	−0.067***	−0.024***	0.111***	−0.076***	0.044*
	(0.013)	(0.018)	(0.007)	(0.027)	(0.018)	(0.025)
TER	0.276***	0.207***	0.127***	−0.283***	0.403***	−0.076
	(0.051)	(0.055)	(0.037)	(0.097)	(0.079)	(0.100)
GAP	0.046***	0.035***	0.021***	0.116***	0.067***	0.152***
	(0.010)	(0.010)	(0.006)	(0.022)	(0.015)	(0.022)
PDR	0.057***	0.005	0.026***	0.168***	0.082***	0.173***
	(0.020)	(0.026)	(0.010)	(0.039)	(0.029)	(0.035)
FIS	−0.416***	−0.247*	−0.189***	0.038	−0.604***	−0.210
	(0.133)	(0.137)	(0.068)	(0.259)	(0.191)	(0.275)
TRA	−0.029	−0.045**	−0.013	−0.054	−0.043	−0.100**
	(0.023)	(0.022)	(0.011)	(0.042)	(0.034)	(0.045)

第二节 互联网的使用对农村居民内部消费差距的影响

一、模型构建与变量说明

为进一步考察互联网的使用对农村居民内部消费差距的影响，构建如下计量模型：

$$unequal_i = \beta_0 + \beta_1\, net_i + \beta_2\, Z_i + \beta_3\, area_i + \mu_i \qquad (6-5)$$

式（6-5）中，$unequal_i$ 表示农村居民内部消费差距，借鉴杨晶（2019）等的研究，利用个体相对剥夺指数（Kakwani）测算[①]。net_i 表示农户的互联使用情况，为核心解释变量，将该指标定义为 0—1 变量，使用互联网赋值为 1，未使用互联网赋值为 0。Z_i 为一系列控制变量，具体包括两个层面，一是户主个

---

① "相对剥夺"这一概念并非标准的经济学概念。经济学中常采用基尼系数、泰尔指数等刻画收入或消费不平等，但这类指数反映的是群体层面的收入或消费不平等，不能体现个人层面的经济不平等，因而采用消费支出测度个体消费相对剥夺指数，以刻画农户消费不平等状况，也即农村居民内部消费差距。

人特征：年龄、性别、婚姻状况、受教育程度等。二是家庭特征：家庭人均收入、住房数量、老年抚养比、少儿抚养比和家庭规模等。相关变量的定义与说明在前文已有详细介绍，此处不再赘述。$area_i$表示省份虚拟变量，μ_i为随机扰动项，β_0、β_1、β_2、β_3为模型的待估参数。变量的说明与描述性统计如表6-10所示。

表 6 - 10　变量的描述性统计

变量类型	变量名称	变量说明	均值	标准差
被解释变量	农村居民内部消费差距	利用 Kakwani 个体相对剥夺指数测算得到	0.418	0.239
核心解释变量	互联网使用	使用互联网＝1，未使用互联网＝0	0.451	0.497
控制变量	性别	户主性别（男性＝1，女性＝0）	0.552	0.497
	年龄	户主年龄（岁）	47.131	11.468
	婚姻状况	户主婚姻（已婚＝1，未婚＝0）	0.871	0.335
	受教育程度	户主学历（文盲和半文盲＝1，小学＝2，初中＝3，高中＝4，大专＝5，大学本科＝6，研究生＝7）	2.437	1.151
	家庭人均收入	农村居民家庭人均收入取对数	9.400	0.918
	养老保险参与	参与养老保险＝1，未参与养老保险＝0	0.616	0.486
	家庭规模	同吃同住的家庭人口数量	3.976	1.941
	住房数量	农村居民家庭所拥有的住房数量	1.168	0.437
	老年抚养比	65 岁以上老年人占家庭总人口的比例	0.032	0.098
	少儿抚养比	14 岁以下少儿人口占家庭总人口的比例	0.113	0.176

注：所有数据均来源于作者对 CFPS2018 数据的整理和计算。

二、实证结果与分析

本节实证分析将从以下四个方面展开：第一，对基准模型采用最小二乘法（OLS），估计互联网的使用对农村居民内部消费差距的影响效应；第二，引入具有工具变量的两阶段最小二乘法（IV - 2SLS）克服模型可能存在的内生性问题，并利用倾向得分匹配法、替换核心解释变量等方法进行稳健性检验；第三，采用中介效应模型和 Bootstrap 法分析非农就业在互联网的使用对农村居民内部消费差距影响中的中介作用；第四，进一步将农村居民内部消费差距分为生存型消费差距、发展型消费差距和享受型消费差距，考察互联网的使用对农村居民内部消费差距影响的结构效应。

（一）基准回归：互联网使用对农村居民内部消费差距的影响

基准模型的估计结果如表 6-11 所示。表 6-11 中回归（1）仅考察了核心解释变量互联网的使用对农村居民内部消费差距的边际影响，回归（2）进一步加入了户主个体特征变量，回归（3）在回归（2）的基础上加入了家庭特征变量，回归（4）则加入了地区虚拟变量。结果显示，回归（1）中互联网的使用对农村居民内部消费差距的影响效应为 -0.130，且在 1% 的统计水平上显著，在加入控制变量和地区效应后，结果依然显著。由此可知，使用互联网能够有效降低个体间的相对剥夺感，提高个体福利感知。

从控制变量来看，以女性为参照组，男性对消费不平等具有显著的正向影响。随着年龄的增长，农村居民内部消费差距呈现先降后升的 U 形。与未婚或丧偶的家庭相比，已婚或有配偶的家庭在某种程度上更能够缓解消费不平等。受教育程度对农村居民内部消费差距的影响效应为 -0.012，且在 1% 的水平上通过显著性检验，说明受教育程度提高，更能在一定程度上平滑消费差距。家庭收入提升与家庭资产扩大（住房数量）均能有效缓解农村居民内部消费差距。就家庭人口规模而言，人口规模越大越能有效缓解农村居民内部消费差距。

表 6-11　基准回归结果

变量	回归（1）	回归（2）	回归（3）	回归（4）
互联网使用情况	-0.130***	-0.063***	-0.047***	-0.052***
	(0.006)	(0.007)	(0.006)	(0.006)
性别		0.014**	0.020***	0.022***
		(0.006)	(0.005)	(0.006)
年龄		-1.568***	-1.013***	-0.956***
		(0.249)	(0.256)	(0.253)
年龄平方		0.235***	0.154***	0.145***
		(0.033)	(0.035)	(0.034)
婚姻		-0.102***	-0.040***	-0.043***
		(0.009)	(0.009)	(0.009)
受教育程度		-0.024***	-0.011***	-0.012***
		(0.002)	(0.002)	(0.003)
家庭人均收入			-0.075***	-0.068***
			(0.003)	(0.004)
养老保险参与			0.004	0.001
			(0.006)	(0.006)

（续）

变量	回归（1）	回归（2）	回归（3）	回归（4）
家庭规模			−0.039***	−0.039***
			(0.001)	(0.002)
住房数量			−0.029***	−0.029***
			(0.006)	(0.006)
少儿抚养比			−0.004	−0.006
			(0.021)	(0.021)
老年抚养比			−0.003	0.009
			(0.031)	(0.030)
地区效应	未控制	未控制	未控制	控制
常数项	0.494***	3.144***	3.023***	2.791***
	(0.004)	(0.455)	(0.459)	(0.458)
N	4 709	4 709	4 709	4 709
R²	0.081	0.155	0.305	0.328

注：*、**、***分别表示数据在10%、5%、1%的水平上显著，括号内为标准误。同表6-12～表6-15。

（二）稳健性检验与内生性处理

1. 稳健性检验

为确保以上研究结论的稳健性，本节采取了替换核心解释变量和倾向得分匹配两种方法进行稳健性检验。采用互联网使用频率、是否使用电脑上网、是否使用移动设备上网替代互联网使用情况进行重新估计。估计结果如表6-12所示，其中 Panel A 为采用倾向得分匹配法的稳健性检验结果，Panel B 为替换核心解释变量的稳健性检验结果。

稳健性检验结果表明，不同匹配方式下处理组的平均处理效应（ATT）均显著为负（Panel A），互联网使用频率、使用移动设备上网、使用电脑上网对农村居民内部消费差距的影响效应分别为−0.658、−0.050和−0.042，且均在1%的统计水平上显著。这说明无论是在消除样本间可观测的系统性差异后，还是在替换核心解释变量后，农户使用互联网依然能够显著地降低个体间的相对剥夺感，缓解农村居民内部消费差距。由此可见，研究结论是稳健可靠的。

表 6 - 12　稳健性检验结果

匹配方法	Panel A：倾向得分匹配				
	处理组	控制组	ATT	标准差	t 值
最小近邻匹配（1∶1）	0.364	0.432	−0.068 ***	0.013	−4.92
最小近邻匹配（1∶4）	0.364	0.419	−0.055 ***	0.011	−4.69
核匹配	0.364	0.427	−0.063 ***	0.010	−5.96
局部线性匹配	0.364	0.426	−0.062 ***	0.014	−4.49
半径匹配	0.364	0.423	−0.059 ***	0.011	−5.29

变量	Panel B：替换核心解释变量		
	回归（1）	回归（2）	回归（3）
互联网使用频率	−0.658 ***		
	(0.096 0)		
使用移动设备上网		−0.050 ***	
		(0.006)	
使用电脑上网			−0.042 ***
			(0.011)
控制变量	控制	控制	控制
地区效应	控制	控制	控制
N	4 709	4 709	4 709
R^2	0.326	0.328	0.322

2. 内生性处理

考虑到模型可能存在的内生性问题，依照前文的做法，本节采用农村家庭成员对互联网的重视程度作为互联网使用情况的工具变量，使用 2SLS 方法进行再估计。估计结果如表 6 - 13 所示。可以看出，*Anderson LM* 统计量在 1% 的水平上通过显著性检验，说明选取的工具变量不存在不可识别问题。*Cragg-Donald Wald F* 统计量远大于 10% 偏误下 16.38 的临界值，可以拒绝"存在弱工具变量"的原原假。这表明使用"互联网重视程度"作为工具变量是合理的。表 6 - 13 中，回归（1）～（4）为运用 2SLS 方法再估计的结果，回归（4）控制了个体特征、家庭特征和地区效应。可以看出，回归（4）中互联网使用情况对农村居民内部消费差距的影响系数为−0.086，且在 1% 的统计水平上显著，与前文的基准估计结果一致。

表6-13　内生性检验结果

变量	回归（1）	回归（2）	回归（3）	回归（4）
互联网使用	−0.187 ***	−0.123 ***	−0.085 ***	−0.086 ***
	(0.008)	(0.011)	(0.009)	(0.009)
个体特征	否	是	是	是
家庭特征	否	否	是	是
地区效应	否	否	否	是
常数项	0.519 ***	2.682 ***	2.759 ***	2.555 ***
	(0.005)	(0.439)	(0.448)	(0.445)
N	4 709	4 709	4 709	4 709
R^2	0.066	0.143	0.300	0.324
Anderson LM	2 864.065 ***	2 186.894 ***	2 148.370 ***	2 136.664 ***
Cragg-Donald Wald F	7 307.113	4 077.058	3 939.947	3 878.220

（三）机制分析

首先采用逐步回归法检验了非农就业在互联网的使用对农村居民内部消费差距影响中的中介效应，然后进一步利用非参数 Bootstrap 法对非农就业的中介效应进行再检验。检验结果如表6-14所示。采用逐步回归法进行检验，需要联合表6-11中的估计结果共同讨论。

根据逐步回归法检验结果可知，在不考虑中介变量的情况下，无论是否加入控制变量，互联网的使用对农村居民内部消费差距的影响均在1%的水平上显著为负（表6-11）。然后再考虑中介变量对被解释变量的影响。可以看出，无论是否加入控制变量，互联网的使用对非农就业的影响均显著为正[表6-14上半部分，回归（1）和（2）]，表明互联网的使用有利于农户非农就业，这与马俊龙等（2007）、宋林等（2020）的研究结论一致。表6-14中的回归（3）同时考虑了解释变量和中介变量对被解释变量的影响。可以看出，互联网的使用和非农就业对农村居民内部消费差距的影响效应分别为−0.051和−0.032，且均通过了1%的显著性检验。这表明非农就业在互联网的使用减缓农村居民内部消费差距的影响中发挥了部分中介效应。

进一步采用 Bootstrap 方法（抽样5 000次，置信区间为95%）对非农就业的中介效应进行再检验，以保证研究结果的可靠性。通过 Bootstrap 检验可知（表6-14下半部分），直接效应和间接效应（中介效应）的置信区间均不包含0，说明非农就业的确在互联网的使用与农村居民内部消费差距之间发挥了部分中介效应，也证明了逐步回归法所得结论的稳健性。

表 6 - 14 非农就业的中介效应检验结果

检验方法	变量	回归（1） Y＝非农就业	回归（2） Y＝非农就业	回归（3） Y＝消费不平等
逐步回归法	互联网使用	0.255***	0.096**	−0.051***
		(0.038)	(0.048)	(0.007)
	非农就业			−0.032***
				(0.006)
	控制变量	否	是	是
	地区效应	否	是	是
	常数项	0.324***	−24.94***	2.166***
		(0.025 1)	(3.471)	(0.513)

检验方法	类别	效应估计	Percentile 95% CI		Bias-corrected 95% CI	
			下限	上限	下限	上限
Bootstrap 法	直接效应	−0.045 3	−0.002 3	−0.000 2	−0.002 6	−0.000 3
	间接效应	−0.001 1	−0.058 7	−0.031 8	−0.059 7	−0.032 1

（四）拓展性分析：生存型消费差距、发展型消费差距、享受型消费差距

上文主要是基于总量效应考察了互联网的使用对农村居民内部消费差距的影响，未考虑消费结构的差异。参考杨晶等（2019）的研究，将农村居民内部消费差距分为生存型、发展型和享受型消费差距。估计结果如表 6 - 15 所示。

从表 6 - 15 中可以看出，互联网的使用对农村居民生存型、发展型和享受型消费差距的影响系数分别为−0.041、−0.045 和−0.055，且均通过了 1% 的显著性检验，说明互联网的使用对三种类型的消费差距均有显著的抑制作用。从系数值的大小来看，互联网的使用对三种类型消费差距影响效应的差距较小，说明互联网的使用也是通过降低生存型、发展型和享受型消费差距弥合农村居民内部消费差距，提高个体福利感知。

表 6 - 15 互联网使用对农户消费不平等的结构性影响

变量	回归（1） 消费不平等（生存型）	回归（2） 消费不平等（发展型）	回归（3） 消费不平等（享受型）
互联网使用情况	−0.041***	−0.045***	−0.055***
	(0.007)	(0.008)	(0.006)

（续）

变量	回归（1）	回归（2）	回归（3）
	消费不平等（生存型）	消费不平等（发展型）	消费不平等（享受型）
控制变量	是	是	是
地区效应	是	是	是
常数项	1.918***	3.968***	1.968***
	(0.466)	(0.556)	(0.435)
N	4 709	4 709	4 709
R^2	0.317	0.205	0.248

本章小结

本章基于 2009—2022 年的省级面板数据，通过构建固定效应模型、中介效应模型以及空间计量模型，实证检验了农村互联网发展对城乡居民消费差距的影响效应。基于中国家庭追踪调查（CFPS）数据，通过构建 OLS 模型、中介效应模型等，实证检验了互联网的使用对农村居民内部消费差距的影响效应和作用机制。

从宏观层面来看，农村互联网发展能够显著缩小城乡居民消费差距，在稳健性检验和内生性处理后，结论依然成立。分类型来看，农村互联网发展对城乡居民消费差距的减缓作用是通过缩小生存型、发展型和享受型消费差距实现的。分区域来看，农村互联网发展对东部和中部地区城乡居民消费差距具有显著的负向影响，对西部地区的影响在统计上不显著。

省域互联网发展对农村居民的收入水平的提升作用大于城镇居民，说明省域互联网发展对农村居民收入提升具有后发优势，使得农村居民"敢消费"和"消费得起"，进而缩小城乡居民消费差距。另外，从空间溢出效应来看，农村互联网发展不仅有助于缩小本省份城乡居民消费差距，对邻近省份城乡消费差距的收敛也具有积极意义。

从微观层面来看，使用互联网能够有效降低个体间的相对剥夺感，提高个体福利感知，缩小农村居民内部消费差距，在稳健性检验和内生性处理后，结论依然成立。非农就业在互联网的使用减缓农村居民内部消费差距的影响中发挥了部分中介效应。分类型来看，互联网的使用也是通过降低生存型、发展型和享受型消费差距弥合农村居民内部消费差距，提高个体福利感知。

第七章 CHAPTER 7

结论与政策建议

第一节　主要结论

一、我国互联网发展水平整体呈上升趋势，但城乡差距明显，区域发展不平衡，存在较大的"数字鸿沟"

2009—2022 年，我国互联网发展迅猛，互联网用户规模快速扩张。互联网普及率由 2009 年的 28.9% 上升到 2022 年的 75.6%，增加了 46.7 个百分点。在此期间，农村地区的互联网普及率 15.5% 上升到 61.9%，增加了 46.4 个百分点；城镇地区的互联网普及率由 43% 上升到 83.1%，增加了 40.1 个百分点。可以看出，虽然全国层面互联网发展迅猛，但城乡间的互联网普及率差异仍然较大。

根据构建的农村互联网发展水平综合评价指标体系，本书采用熵值法进行测度，并从时间和空间两个维度进行了分析。从时间维度来看，我国农村互联网发展水平由 2009 年的 0.228 0 增加到 2022 年的 0.379 2，呈现上升趋势。说明我国农村互联网发展水平在不断提高，这也是政府重视农业信息化发展，大力推进数字乡村建设的成果。

从省际差异来看，浙江省农村互联网发展水平综合指数的均值最高，为 0.406 1；其次是江苏省的 0.404 9，略低于浙江省，之后便是广东、山东、河北等省份。样本期内农村互联网发展水平综合指数均值排名最后 3 位的省份分别为宁夏回族自治区、西藏自治区以及青海省。可以发现，农村互联网发展水平综合指数均值较高的省份位于经济发达的东部地区，均值较低的省份位于欠发达的西部地区。这表明各省份之间的农村互联网发展水平存在较大的差距，在空间分布上呈现出不均衡的态势。

从区域差异来看，我国东、中、西部地区农村互联网发展水平指数分别为0.346 8、0.317 8 和 0.269 4。东部地区的农村互联网发展水平最高，中部地区次之，西部地区最低，这也表明我国区域间互联网发展不平衡。

二、农村互联网发展有助于提高农村居民消费水平、推动消费结构升级以及缩小居民消费差距

本书通过构建固定效应模型、动态面板模型、中介效应模型、QUAIDS模型等，实证考察了农村互联网发展对农村居民消费的影响效应。研究发现：

第一，农村互联网发展水平提高能够显著提升农村居民的消费水平，扩大消费规模，在稳健性检验和内生性处理之后，结论依然成立。农村互联网发展对东、中、西部地区的农村居民消费水平提升均具有显著促进作用，但对中西部地区农村居民消费水平的影响效应更为明显。

第二，农村互联网发展推动了农村居民消费结构升级。具体来看，农村互联网发展显著提升了农村居民的交通通信、文教娱乐和医疗保健消费支出在总支出中的比重，减少了农村居民的食品、衣着和生活用品及服务消费支出。

第三，从宏观层面来看，农村互联网发展能够显著缩小城乡居民消费差距。分类型来看，农村互联网发展对城乡居民消费差距的减缓作用是通过缩小生存型、发展型和享受型消费差距实现的。分区域来看，农村互联网发展对东部和中部地区城乡居民消费差距具有显著的负向影响，对西部地区的影响在统计上不显著。从微观层面来看，使用互联网能够有效降低个体间的相对剥夺感，提高个体福利感知，缩小农村居民内部消费差距。非农就业在互联网的使用减缓农村居民内部消费差距的影响中发挥了部分中介效应。分类型来看，互联网的使用也是通过降低生存型、发展型和享受型消费差距弥合农村居民内部消费差距，提高个体福利感知。

三、农村互联网发展对提高农村居民消费水平、缩小城乡居民消费差距具有显著的空间溢出效应

本书基于 2009—2022 年的省级面板数据，通过构建空间计量模型，设置空间权重矩阵，从地理经济学视角实证检验了农村互联网的发展对农村居民消费影响的空间溢出效应。研究发现：①在样本期间内，我国各省份农村居民消费水平的全局莫兰指数和局部莫兰指数均大于 0，且在 1% 的水平上显著，表明我国农村居民消费水平具有明显的空间效应。同时，从全局莫兰指数和局部莫兰指数来看，各省域农村互联网发展水平也存在明显的空间正相关性，在空间分布上呈现出显著的"高—高（H—H）""低—低（L—L）"空间集聚特征。②在三种空间权重矩阵下，农村互联网发展对农村居民消费水平具有显著

直接效应、空间溢出效应和总效应，表明农村互联网发展不仅有利于本省份农村居民消费水平的提升，对邻近地区农村居民消费扩张也具有促进作用。在稳健性检验和内生性处理之后，结论依然成立。③农村互联网发展不仅能够缩小本省份城乡居民消费差距，还有助于邻近省份城乡居民消费差距收敛。

四、互联网发展能够通过收入效应，间接作用于农村居民消费

本书的研究结果表明，农村互联网发展有助于提高农村居民收入水平，发挥收入效应。进一步分析发现，互联网的收入效应在农村互联网发展对农村居民消费水平提升、消费结构升级和消费差距减缓的过程中发挥了中介效应。具体而言，农民收入增长在农村互联网发展对农村居民消费扩张和消费结构升级的影响中发挥了部分中介效应。也就是说，互联网发展能够通过提高农业生产率以及促进就业和创业来提高农村居民收入，进而作用于提高消费水平提升、消费结构升级。与此同时，互联网发展对农村居民的收入提升具有后发优势，有助于降低城乡居民收入差距，让农村居民"敢消费"和"消费得起"，进而缩小城乡居民消费差距。

五、互联网使用对农户消费的影响在不同群体中具有明显的异质性

本书基于CFPS数据，从微观家庭层面分析了互联网的使用对农户消费结构升级和缓解消费差距方面的影响效应。研究发现：第一，与未使用互联网的农户相比，农户使用互联网更有利于推动家庭消费升级。第二，互联网的使用对农户消费的影响存在显著的异质性。从年龄来看，互联网的使用对户主为青年人的农村家庭提高消费水平和优化消费结构的作用最大。从受教育程度来看，户主受教育程度越高，对家庭消费水平的提升作用越大；同时户主为高中及以上学历的农村家庭使用互联网能够显著提高发展型和享受型消费的支出占比，推动家庭消费结构升级。从家庭收入来看，农户使用互联网对农村中低收入组和中高收入组家庭的消费水平提升具有显著的促进作用，且对中高收入组的影响更强。中高收入组农户家庭使用互联网能够显著促进家庭消费结构升级，提高发展型和享受型消费支出的占比，而对中低收入组家庭的影响不显著。从消费分层来看，互联网的使用对低分位点的农户扩大发展型和享受型消费支出更为有利，效果也更加明显。第三，使用互联网能够有效降低个体间的相对剥夺感，提高个体福利感知，缓解农村居民内部消费差距。同时非农就业在互联网的使用减缓农村居民内部消费差距的影响中发挥着部分中介效应。

第二节　政策建议

消费是社会再生产的最终阶段，是实现人们美好生活的基础。21 世纪以来，随着网络信息技术的发展，互联网对农民生活和农业生产产生了深刻影响，使原有的生产生活模式发生了颠覆性变化。在数字经济背景下，本书证实了农村互联网发展有助于提高农村居民消费水平、推动农村居民消费结构升级、缓解居民消费差距。基于此，本书提出相应的政策建议，旨在推进我国数字乡村建设，充分发挥互联网的消费效应，实现农业农村高质量发展。具体建议如下：

一、建设普惠互联网，促进区域、城乡平衡发展

本书研究表明我国互联网发展水平整体上呈上升趋势，但城乡差距明显、区域发展不平衡，存在较大的"数字鸿沟"。针对互联网发展存在的区域与城乡发展不平衡问题，政府应做好顶层设计，持续推动我国互联网在各地区间的平衡发展，不断降低和消除城乡间的"数字鸿沟"。具体来说，首先，在推进国家互联网建设时，不仅要巩固东部和城镇地区互联网发展的优势，做到"强优势"，还要加强中西部和农村地区互联网基础设施建设的投资、改造和升级，实现"补短板"。其次，要建立公共信息服务平台，实现宽带网络提速降费，推进教育、医疗等优质资源共享，实现信息惠民、共享数字红利。

二、加强农村互联网基础设施建设，完善农村互联网服务体系

2009—2022 年，我国农村地区的互联网普及率由 15.5％上升到 61.9％，但与城市相比仍有较大的差距，而且农村的网络基础设施以及互联网发展建设和管理等与城市相比也存在一定的差距。因此，要重视农村信息基础设施建设，加快农村网络发展。

首先，发挥好政府的主导作用。加快农村互联网基础设施建设，是推进农村信息化发展的基础，是实现农业农村现代化的迫切需要。要调整城乡信息化布局，增加农村地区互联网基础设施建设的财政投入，加大金融部门的融资支持，同时广泛动员相关各部门和社会各界有偿参与建设。

其次，注重网络人才建设。大力推进互联网技术在农村教育教学中的应用，实现优质教育资源普遍共享；鼓励科研院校中高素质、高水平人员加入农村信息服务队伍，指导农村居民对互联网技术的应用，并倡导农村各级干部带头学网、懂网、用网。

最后，加大农村网络普及力度。对农村地区采取因地制宜的技术方法，让宽带网络等互联网基础设施由乡镇向自然村和行政村延伸。如在人口稀少、分散的农村地区，可以采用无线技术实现宽带网络覆盖；在人口密集的农村地区，则可以推动光纤等有线方式到村。

三、重视互联网技术的空间效应，加强省际交流与合作

互联网的发展作为一种网络领域的技术进步，能够超越空间和区域的束缚，产生显著的外部性或空间溢出效应，而且互联网还扩大了消费的示范效应。因此，要发挥好互联网技术的空间溢出效应，重视消费的示范效应。一方面，要完善区域间的合作机制，加强地区间的交流与合作。可以借助数字技术突破地理距离限制，打造一体化的信息服务平台，建立统一数据信息库，以加强邻近省份间在技术和人才等方面的交流和协作。另一方面，互联网发展水平较高的省份要发挥好带头示范作用，加强与周围省份的交流与合作，以带动互联网发展水平较低的省份，形成区域间信息技术的追赶效应，发挥好先进地区对落后地区的辐射和带动作用。

四、引导农户合理使用互联网，提高农户互联网使用能力

在逐步加大农村互联网基础设施建设的同时，还应引导农户合理使用互联网，强化互联网使用意识，提高互联网使用能力。具体来说，要充分利用互联网的高效性、时效性、公平性等优势，在进行招聘工作宣传、政策推广和解读时，及时的为农户提供信息。如为务工的农户提供就业信息，为创业的农户提供真实的政策信息，为务农的农户提供惠农信息等。与此同时，政府应整合信息服务资源，依托互联网技术建立线上服务平台，大量开展互联网技能培训，为使用互联网的农户提供技术支持，帮助农户实现就业和创业。换言之，互联网技术可以降低农户和市场之间的交易成本，有利于促进农户实现非农就业，进而提高收入，实现家庭消费水平提升、消费结构升级和消费差距缩小。同时，对农户进行互联网技能培训，不仅可以提高农户对互联网的使用能力，增强对互联网资源和信息的获取、筛选和管理能力，还有助于让农户认识到互联网技术在如今经济社会中的重要性，让其参与并推动国家数字乡村建设。

五、强化数据信息安全保障，构建健康网络环境

要切实筑牢农村网信安全新防线，保障数据信息安全。提高农村各级干部的网络信息安全意识和素养，让他们充分认识到数据安全的重要性，并做好相关工作。如开展"网络信息安全知识下乡"等活动，加强对农村网民网络信息安全知识的宣传和教育。制定并严格执行农村居民个人信息数据保密规定，开

展定期信息安全排查和监测工作，严格管理农村居民信息，对泄露信息和非法买卖的行为进行严厉处罚。

同时，要加强互联网络监管，构建健康的网络环境。对互联网使用行为进行相关引导，防范沉迷网络和过度娱乐化。政府要加强网络监管，对低俗化信息进行管制，倡导具有正向价值的互联网信息产品，加强对互联网教育、学习等平台的建设，发挥互联网应有的正向作用。

参考文献

REFERENCES

毕玉江，裴瑱，2016. 消费惯性作用下农村居民和城镇居民消费影响因素的差异研究 [J].
　经济经纬，33 (5)：120-125.

蔡栋梁，王聪，邱黎源，2020. 信贷约束对农户消费结构优化的影响研究——基于中国家
　庭金融调查数据的实证分析 [J]. 农业技术经济 (3)：84-96.

蔡跃洲，2016. "互联网＋"行动的创新创业机遇与挑战——技术革命及技术—经济范式视
　角的分析 [J]. 求是学刊，43 (3)：43-52.

曾洁华，钟若愚，2021. 互联网推动了居民消费升级吗——基于广东省城市消费搜索指数
　的研究 [J]. 经济学家 (8)：31-41.

陈斌开，陈琳，谭安邦，2014. 理解中国消费不足：基于文献的评述 [J]. 世界经济，37
　(7)：3-22.

陈冲，2014. 预防性储蓄动机的时序变化及其影响因素差异——基于中国城镇居民不同收
　入阶层视角 [J]. 中央财经大学学报 (12)：87-94.

陈力朋，徐建斌，魏娟，2014. 互联网普及对中国刑事犯罪率的影响——基于省级面板数
　据的实证分析 [J]. 中国刑事法杂志 (6)：104-115.

陈丽，李波，郭玉娟，等，2017. "互联网＋"时代我国基础教育信息化的新趋势和新方向
　[J]. 电化教育研究，38 (5)：5-12，27.

陈亮，李莹，2020. 互联网使用对居民健康的影响路径研究 [J]. 财经问题研究 (7)：
　86-93.

陈培彬，朱朝枝，2021. 非农就业会促进农村居民家庭的消费升级吗？——基于收入与偏
　好效应理论的实证检验 [J]. 江苏农业学报，37 (3)：772-782.

陈强，2014. 高级计量经济学及 Stata 应用 [M]. 北京：高等教育出版社.

陈战波，黄文己，郝雄磊，2021. 移动支付对中国农村消费影响研究 [J]. 宏观经济研究
　(5)：123-141.

程名望，张家平，2019. 新时代背景下互联网发展与城乡居民消费差距 [J]. 数量经济技
　术经济研究，36 (7)：22-41.

程名望，张家平，李礼连，2020. 互联网发展、劳动力转移和劳动生产率提升 [J]. 世界
　经济文汇 (5)：1-17.

戴德宝，范体军，刘小涛，2016. 互联网技术发展与当前中国经济发展互动效能分析 [J].
　中国软科学 (8)：184-192.

戴平生，庄赟，2012. 农村居民消费不平等的微观结构分析 [J]. 统计与信息论坛，27
　(5)：106-112.

杜丹清，2017. 互联网助推消费升级的动力机制研究［J］. 经济学家（3）：48－54.

杜鑫，2010. 劳动力流动对农户消费和投资水平的影响［J］. 财经理论与实践，31（3）：2－7.

范红丽，辛宝英，2019. 家庭老年照料与农村妇女非农就业——来自中国微观调查数据的经验分析［J］. 中国农村经济（2）：98－114.

范金，王亮，坂本博，2011. 几种中国农村居民食品消费需求模型的比较研究［J］. 数量经济技术经济研究，28（5）：64－77.

方福前，邢炜，2015. 居民消费与电商市场规模的U形关系研究［J］. 财贸经济（11）：131－147.

方松海，王为农，黄汉权，2011. 增加农民收入与扩大农村消费研究［J］. 管理世界（5）：66－80，187－188.

高帆，2013. 我国城乡消费差距变动：特征、成因及转折点分析［J］. 学术研究（10）：64－72，159.

龚勤林，宋明蔚，贺培科，等，2023. 数字经济、流动空间与城乡收入差距［J］. 上海经济研究（6）：95－108.

辜胜阻，李睿，2016. 以互联网创业引领新型城镇化［J］. 中国软科学（1）：6－16.

郭广珍，刘瑞国，黄宗晔，2019. 交通基础设施影响消费的经济增长模型［J］. 经济研究，54（3）：166－180.

郭家堂，骆品亮，2016. 互联网对中国全要素生产率有促进作用吗？［J］. 管理世界（10）：34－49.

郭云南，姚洋，Jeremy Foltz，2012. 宗族网络、农村金融与平滑消费：来自中国11省77村的经验［J］. 中国农村观察（1）：32－45.

韩宝国，李世奇，2018. 软件和信息技术服务业与中国经济增长［J］. 数量经济技术经济研究，35（11）：128－141.

韩宝国，朱平芳，2014. 宽带对中国经济增长影响的实证分析［J］. 统计研究，31（10）：49－54.

韩海彬，张莉，2015. 农业信息化对农业全要素生产率增长的门槛效应分析［J］. 中国农村经济（8）：11－21

韩长根，2020. 互联网使用对中国居民收入流动性的影响研究［D］. 北京：北京交通大学.

何春，崔万田，2018. 农村劳动力转移减贫的作用机制——基于中国省级面板数据的分析［J］. 城市问题（3）：27－33.

何大安，任晓，2018. 互联网时代资源配置机制演变及展望［J］. 经济学家（10）：63－71.

何德旭，姚战琪，2008. 中国产业结构调整的效应、优化升级目标和政策措施［J］. 中国工业经济（5）：46－56.

何仲，吴梓栋，陈霞，等，2013. 宽带对我国国民经济增长的影响［J］. 北京邮电大学学报（社会科学版），15（1）：82－86.

贺达，顾江，2018. 互联网对农村居民消费水平和结构的影响——基于CFPS数据的PSM

实证研究 [J] . 农村经济 (10)：51-57.

洪建中，黄凤，皮忠玲，2015. 老年人网络使用与心理健康 [J] . 华中师范大学学报（人文社会科学版），54 (2)：171-176.

胡兵，涂先进，胡宝娣，2014. 转移性收入对农村消费影响的门槛效应研究 [J] . 财贸研究，25 (1)：55-60.

黄荣贵，骆天珏，桂勇，2013. 互联网对社会资本的影响：一项基于上网活动的实证研究 [J] . 江海学刊 (1)：227-233.

黄卫东，岳中刚，2016. 信息技术应用、包容性创新与消费增长 [J] . 中国软科学 (5)：163-171.

黄燕芬，张超，田盛丹，2019. 人口年龄结构和住房价格对城镇居民家庭消费的影响机理 [J] . 人口研究，43 (4)：17-35.

惠宁，刘鑫鑫，2020. 互联网发展对中国区域创新能力的影响效应 [J] . 社会科学研究 (6)：30-37.

贾卫丽，杨戴仪，2020. 物流业发展对城乡居民消费差距的影响分析 [J] . 惠州学院学报，40 (1)：89-93，128.

江小涓，2017. 高度联通社会中的资源重组与服务业增长 [J] . 经济研究，52 (3)：4-17.

蒋仁爱，李冬梅，温军，2021. 互联网发展水平对城市创新效率的影响研究 [J] . 当代经济科学，43 (4)：77-89.

凯恩斯，2005. 就业、利息和货币通论 [M] . 北京：华夏出版社.

兰永生，2015. 财政支农支出对农村居民消费的影响分析——基于经济周期的视角 [J] . 财政研究 (3)：11-15.

雷泽奎，祁春节，王刘坤，2023. 数字乡村建设能驱动农业经济高质量增长吗？[J] . 华中农业大学学报（社会科学版）(3)：54-66.

冷凤彩，曹锦清，2018. 互联网使用具有幸福效应吗——来自"中国家庭追踪调查"的分析 [J] . 广东财经大学学报，33 (3)：4-12.

李承政，邱俊杰，2021. 中国农村人口结构与居民消费研究 [J] . 人口与经济 (1)：49-56.

李春玲，2014. 中国城乡消费鸿沟变化趋势 2001-2011 [J] . 北京工业大学学报（社会科学版），14 (1)：1-9.

李春琦，张杰平，2009. 中国人口结构变动对农村居民消费的影响研究 [J] . 中国人口科学 (4)：14-22，111.

李继尊，2015. 关于互联网金融的思考 [J] . 管理世界 (7)：1-7，16.

李佳钰，周宇，2018. 互联网对中国工业技术创新效率的影响：基于阶段异质效应的分析 [J] . 人文杂志 (7)：34-43.

李江一，李涵，2016. 城乡收入差距与居民消费结构：基于相对收入理论的视角 [J] . 数量经济技术经济研究，33 (8)：97-112.

李杰伟，吴思栩，2020. 互联网、人口规模与中国经济增长：来自城市的视角 [J] . 当代财经（1）：3-16.

李井奎，2018. 凯恩斯革命的前世今生：约翰·梅纳德·凯恩斯及其《就业、利息和货币通论》[M]. 沈阳：东北财经大学出版社.

李立威，景峰，2013. 互联网扩散与经济增长的关系研究——基于我国31个省份面板数据的实证检验[J]. 北京工商大学学报（社会科学版），28（3）：120-126.

李涛，么海亮，2013. 消费不平等问题研究综述[J]. 经济社会体制比较（4）：230-241.

李响，王凯，吕美晔，2010. 人口年龄结构与农村居民消费：理论机理与实证检验[J]. 江海学刊（2）：93-98，239.

李小克，李小平，2016. 城乡收入不平等对城乡居民消费差距的影响[J]. 地域研究与开发，35（4）：12-15，21.

李晓华，2016. "互联网＋"改造传统产业的理论基础[J]. 经济纵横（3）：57-63.

李晓楠，李锐，2013. 我国四大经济地区农户的消费结构及其影响因素分析[J]. 数量经济技术经济研究，30（9）：89-105.

李晓钟，王欢，2020. 互联网对我国经济发展影响的区域差异比较研究[J]. 中国软科学（12）：22-32.

李晓钟，张洁，2017. 我国农业信息化就绪度水平区域差异比较研究[J]. 情报科学，35（10）：55-62.

李旭洋，李通屏，邹伟进，2019. 互联网推动居民家庭消费升级了吗？——基于中国微观调查数据的研究[J]. 中国地质大学学报（社会科学版），19（4）：145-160.

李旭洋，2020. 互联网发展对中国居民消费结构的影响研究[D]. 武汉：中国地质大学.

李雅楠，谢倩芸，2017. 互联网使用与工资收入差距——基于CHNS数据的经验分析[J]. 经济理论与经济管理（7）：87-100.

刘湖，张家平，2016. 互联网对农村居民消费结构的影响与区域差异[J]. 财经科学（4）：80-88

刘靖，陈斌开，2021. 房价上涨扩大了中国消费不平等吗？[J]. 经济学（季刊），21（4）：1253-1274.

刘灵芝，潘瑶，王雅鹏，2011. 不确定性因素对农村居民消费的影响分析——兼对湖北省农村居民的实证检验[J]. 农业技术经济（12）：61-69.

刘伦武，2010. 农村基础设施发展与农村消费增长的相互关系——一个省际面板数据的实证分析[J]. 江西财经大学学报（1）：77-81.

刘雯，2018. 收入差距、社会资本与农户消费[J]. 中国农村经济（6）：84-100.

刘长庚，张磊，韩雷，2017. 中国电商经济发展的消费效应研究[J]. 经济理论与经济管理（11）：5-18.

刘姿均，陈文俊，2017. 中国互联网发展水平与经济增长关系实证研究[J]. 经济地理，37（8）：108-113，154.

刘宗飞，2021. 农户非农就业比例对其家庭消费的实证研究[J]. 河南农业大学学报，55（2）：387-396.

罗超平，朱培伟，张璨璨，等，2021. 互联网、城镇化与城乡收入差距：理论机理和实证检验〔J〕. 西部论坛，31（3）：28 - 43.

罗珉，李亮宇，2015. 互联网时代的商业模式创新：价值创造视角〔J〕. 中国工业经济（1）：95 - 107.

罗又一，2021. 互联网对城乡居民消费差距的影响研究〔D〕. 兰州：兰州交通大学.

骆永民，樊丽明，2012. 中国农村基础设施增收效应的空间特征——基于空间相关性和空间异质性的实证研究〔J〕. 管理世界（5）：71 - 87.

马俊龙，宁光杰，2017. 互联网与中国农村劳动力非农就业〔J〕. 财经科学（7）：50 - 63.

马香品，2020. 数字经济时代的居民消费变革：趋势、特征、机理与模式〔J〕. 财经科学（1）：120 - 132.

毛宇飞，曾湘泉，祝慧琳，2019. 互联网使用、就业决策与就业质量——基于 CGSS 数据的经验证据〔J〕. 经济理论与经济管理（1）：72 - 85.

孟天广，季程远，2016. 重访数字民主：互联网介入与网络政治参与——基于列举实验的发现〔J〕. 清华大学学报（哲学社会科学版），31（4）：43 - 54，194 - 195.

穆燕鸿，王杜春，迟凤敏，2016. 基于结构方程模型的农村电子商务影响因素分析——以黑龙江省 15 个农村电子商务示范县为例〔J〕. 农业技术经济（8）：106 - 118.

南永清，臧旭恒，蔡海亚，2019. 社会网络影响了农村居民消费吗〔J〕. 山西财经大学学报，41（3）：1 - 15.

聂正彦，苗红川，2014. 劳动力流动影响农村居民消费的路径分析〔J〕. 消费经济，30（4）：16 - 19.

潘敏，刘知琪，2018. 居民家庭"加杠杆"能促进消费吗？——来自中国家庭微观调查的经验证据〔J〕. 金融研究（4）：71 - 87.

潘明明，蔡书凯，周游，2021. 互联网使用促进农村妇女非农就业了吗——基于苏、皖、豫、鄂四省调研数据的实证研究〔J〕. 农业技术经济（8）：133 - 144.

潘忠党，於红梅，2010. 互联网使用对传统媒体的冲击：从使用与评价切入〔J〕. 新闻大学（2）：4 - 13.

裴辉儒，胡月，2020. 移动支付对我国居民消费影响的实证研究〔J〕. 西安财经大学学报，33（1）：37 - 44.

邱黎源，胡小平，2018. 正规信贷约束对农户家庭消费结构的影响——基于全国 4141 户农户的实证分析〔J〕. 农业技术经济（8）：16 - 25.

曲兆鹏，赵忠，2008. 老龄化对我国农村消费和收入不平等的影响〔J〕. 经济研究，43（12）：85 - 99，149.

邵帅，李欣，曹建华，2019. 中国的城市化推进与雾霾治理〔J〕. 经济研究，54（2）：148 - 165.

施炳展，2016. 互联网与国际贸易——基于双边双向网址链接数据的经验分析〔J〕. 经济研究，51（5）：172 - 187.

石贝贝，王金营，2014. 人口发展变化对区域消费影响的实证研究——基于中国省级区域的数据〔J〕. 人口研究，38（1）：77 - 89.

史晋川，王维维，2017. 互联网使用对创业行为的影响——基于微观数据的实证研究〔J〕.

浙江大学学报（人文社会科学版），47（4）：159 - 175.

宋凤轩，孙颖鹿，宋宝琳，2020. 产业集聚对城乡居民消费的影响研究——基于动态空间
面板模型 [J]. 现代财经（天津财经大学学报），40（5）：74 - 84.

苏岚岚，孔荣，2020. 互联网使用促进农户创业增益了吗？——基于内生转换回归模型的
实证分析 [J]. 中国农村经济（2）：62 - 80.

苏振华，黄外斌，2015. 互联网使用对政治信任与价值观的影响：基于 CGSS 数据的实证
研究 [J]. 经济社会体制比较（5）：113 - 126.

孙俊娜，胡文涛，汪三贵，2023. 数字技术赋能农民增收：作用机理、理论阐释与推进方
略 [J]. 改革（6）：73 - 82.

孙浦阳，张靖佳，姜小雨，2017. 电子商务、搜寻成本与消费价格变化 [J]. 经济研究，
52（7）：139 - 154.

孙淑惠，刘传明，陈晓楠，2023. 数字乡村、网络溢出和农业绿色全要素生产率 [J]. 中
国农业资源与区划，44（9）：45 - 59.

谭昶，吴海涛，黄大湖，2019. 产业结构、空间溢出与农村减贫 [J]. 华中农业大学学报
（社会科学版）（2）：8 - 17，163.

谭江蓉，杨云彦，2012. 人口流动、老龄化对农村居民消费的影响 [J]. 人口学刊
（6）：9 - 15.

汤才坤，2018. "互联网＋"对农村居民消费经济结构的影响分析 [J]. 统计与决策，34
（21）：117 - 119.

唐海军，李非，2009. 长尾理论研究现状综述及展望 [J]. 现代管理科学（3）：40 - 42.

田俊，王继新，王萱，2019. "互联网＋在地化"：乡村学校教学质量提升的实践研究 [J].
中国电化教育（10）：38 - 46.

汪东芳，曹建华，2019. 互联网发展对中国全要素能源效率的影响及网络效应研究 [J].
中国人口·资源与环境，29（1）：86 - 95.

汪连杰，2018. 互联网使用对老年人身心健康的影响机制研究——基于 CGSS（2013）数据
的实证分析 [J]. 现代经济探讨（4）：101 - 108.

汪亚楠，徐枫，叶欣，2021. 数字乡村建设能推动农村消费升级吗？ [J]. 管理评论，33
（11）：135 - 144.

王笳旭，2015. 人口老龄化对我国城乡居民消费差距的影响研究——基于省际动态面板数
据的实证分析 [J]. 当代经济科学，37（5）：109 - 115，128.

王健，赵凯，2020. 城市化和老龄化对城乡居民消费差距影响研究——理论模型与实证分
析 [J]. 云南财经大学学报，36（8）：38 - 54.

王金杰，郭树龙，张龙鹏，2018. 互联网对企业创新绩效的影响及其机制研究——基于开
放式创新的解释 [J]. 南开经济研究（6）：170 - 190.

王静，2020. 收入不确定性对农村居民消费需求影响的实证检验 [J]. 统计与决策，36
（6）：123 - 126.

王克稳，李敬强，徐会奇，2013. 不确定性对中国农村居民消费行为的影响研究——消费
不确定性和收入不确定性的双重视角 [J]. 经济科学（5）：88 - 96.

王鹏，2014. 互联网使用对幸福感的影响——基于城镇微观数据的实证研究 [J]. 软科学，28（10）：139-144.

王鹏飞，2014. 网络经济对我国居民消费的促进作用研究 [D]. 北京：中共中央党校.

王茜，2016. "互联网＋"促进我国消费升级的效应与机制 [J]. 财经论丛（12）：94-102.

王小华，2013. 收入结构变迁、支农政策引导与农村消费困境摆脱——一个时空和区域差异的对比研究 [J]. 金融理论与实践（11）：1-7.

王智茂，2020. 互联网使用、金融资产配置与家庭消费升级 [D]. 天津：天津财经大学.

王子成，郭沐蓉，2016. 农民工家庭收入和消费不平等：流动模式与代际差异 [J]. 北京工商大学学报（社会科学版），31（2）：21-29.

王子敏，潘丹丹，2018. 中国区域互联网发展水平测度与收敛性分析 [J]. 统计与决策，34（8）：86-89.

魏下海，2010. 基础设施、空间溢出与区域经济增长 [J]. 经济评论（4）：82-89.

温兴祥，2019. 本地非农就业对农村居民家庭消费的影响——基于 CHIP 农村住户调查数据的实证研究 [J]. 中国经济问题（3）：95-107.

温雪，吴定伟，潘明清，2019. 互联网、社会资本与农村居民消费 [J]. 消费经济，35（4）：47-54.

温忠麟，叶宝娟，2014. 中介效应分析：方法和模型发展 [J]. 心理科学进展，22（5）：731-745.

文洪星，韩青，2018. 非农就业如何影响农村居民家庭消费——基于总量与结构视角 [J]. 中国农村观察（3）：91-109.

吴海江，何凌霄，张忠根，2014. 中国人口年龄结构对城乡居民消费差距的影响 [J]. 数量经济技术经济研究，31（2）：3-19，35.

向玉冰，2018. 互联网发展与居民消费结构升级 [J]. 中南财经政法大学学报（4）：51-60.

谢邦昌，么海亮，2013. 中国城镇家庭消费不平等分布测度研究 [J]. 商业经济与管理（1）：79-86.

谢平，邹传伟，2012. 互联网金融模式研究 [J]. 金融研究（12）：11-22.

谢文，吴庆田，2009. 农村社会保障支出对农村居民消费的影响的实证研究 [J]. 财经理论与实践，30（5）：27-32.

邢娟红，2018. 互联网经济何以高质量发展 [J]. 人民论坛（22）：98-99.

徐敏，姜勇，2015. 中国产业结构升级能缩小城乡消费差距吗？ [J]. 数量经济技术经济研究，32（3）：3-21.

徐亚东，张应良，2021. 收入差距对农村居民消费的影响研究——基于收入差距的分类讨论 [J]. 湖南农业大学学报（社会科学版），22（4）：76-85.

许佳荧，张化尧，2016. 共性资源联盟与"互联网＋"创业——基于创业者视角的多案例分析 [J]. 科学学研究，34（12）：1830-1837.

杨东，2015. 互联网金融的法律规制——基于信息工具的视角 [J]. 中国社会科学（4）：

107－126，206.

杨晶，邓大松，申云，等，2020. 社会资本、农地流转与农户消费扩张 [J]. 南方经济
　　（8）：65－81.

杨晶，黄云，2019. 人力资本、社会资本对农户消费不平等的影响 [J]. 华南农业大学学
　　报（社会科学版），18（4）：111－126.

杨晶，罗守贵，王君萍，2018. 双重不确定性视角下农村居民消费的空间计量分析 [J].
　　华中农业大学学报（社会科学版）（5）：94－102，165.

杨克文，何欢，2020. 互联网使用对居民健康的影响——基于2016年中国劳动力动态调查
　　数据的研究 [J]. 南开经济研究（3）：182－203.

杨明婉，张乐柱，2019. 社会资本强度对农户家庭借贷行为影响研究——基于2016年
　　CFPS的数据 [J]. 经济与管理评论，35（5）：71－83.

杨妮超，顾海，2020. 互联网使用、非正式社会支持与农民健康——基于中国家庭追踪调
　　查数据 [J]. 农村经济（3）：127－135.

杨柠泽，周静，马丽霞，等，2018. 信息获取媒介对农村居民生计选择的影响研究——基
　　于CGSS2013调查数据的实证分析 [J]. 农业技术经济（5）：52－65.

杨琦，2018. 农村基础设施投资是拉动还是挤出了居民消费 [J]. 南方经济（2）：41－60.

杨秀云，赵勐，平新乔，2019. 从"虚拟"到"现实"：互联网重塑经济的理论逻辑 [J].
　　经济社会体制比较（5）：159－167.

叶初升，任兆柯，2018. 互联网的经济增长效应和结构调整效应——基于地级市面板数据
　　的实证研究 [J]. 南京社会科学（4）：18－29.

叶小梁，李东旻，2006. 搜寻理论模型与网络搜寻行为探析 [J]. 情报科学（11）：1691－1695.

易行健，周利，2018. 数字普惠金融发展是否显著影响了居民消费——来自中国家庭的微
　　观证据 [J]. 金融研究（11）：47－67.

尹华北，王新海，2010. 基于转移收入视角的农村居民消费需求研究 [J]. 消费经济，26
　　（4）：14－17.

尹楠，2015. 我国各省份互联网区域化发展竞争力差异分析 [J]. 中国流通经济，29（9）：
　　52－58.

尹世杰，2007. 消费经济学 [M]. 北京：高等教育出版社.

于洋，钱强，王雅彤，2015. 人口老龄化对农村居民消费的影响研究 [J]. 消费经济，31
　　（2）：24－28.

俞立平，2005. 中国互联网发展水平测度指标体系研究 [J]. 中国流通经济（12）：32－34.

元惠连，夏庆杰，王小林，2017. 基于QUAIDS模型的中国农村居民消费需求实证分析
　　[J]. 劳动经济研究，5（4）：48－82.

臧旭恒，陈浩，2019. 习惯形成、收入阶层异质性与我国城镇居民消费行为研究 [J]. 经
　　济理论与经济管理（5）：20－32.

张博胜，杨子生，2020. 中国城镇化的农村减贫及其空间溢出效应——基于省级面板数据
　　的空间计量分析 [J]. 地理研究，39（7）：1592－1608.

张红伟，向玉冰，2016. 网购对居民总消费的影响研究——基于总消费水平的数据分析

［J］．上海经济研究（11）：36－45．

张鸿，杜凯文，靳兵艳，2020．乡村振兴战略下数字乡村发展就绪度评价研究［J］．西安
　　财经大学学报，33（1）：51－60．

张家平，程名望，潘烜，2018．互联网对经济增长溢出的门槛效应研究［J］．软科学，32
　　（9）：1－4．

张京京，刘同山，2020．互联网使用让农村居民更幸福吗？——来自CFPS2018的证据
　　［J］．东岳论丛，41（9）：172－179．

张景娜，朱俊丰，2020．互联网使用与农村劳动力转移程度——兼论对家庭分工模式的影
　　响［J］．财经科学（1）：93－105．

张骞，2019．互联网发展对区域创新能力的影响及其机制研究［D］．山东：山东大学．

张彤进，蔡宽宁，2021．数字普惠金融缩小城乡居民消费差距了吗？——基于中国省级面
　　板数据的经验检验［J］．经济问题（9）：31－39．

张卫东，卜偲琦，彭旭辉，2021．互联网技能、信息优势与农民工非农就业［J］．财经科
　　学（1）：118－132．

张泉，2018．互联网经济缘何"领跑全球"？——基于完全竞争市场互联网经济动态均衡模
　　型［J］．现代经济探讨（10）：88－97．

张学良，2012．中国交通基础设施促进了区域经济增长吗——兼论交通基础设施的空间溢
　　出效应［J］．中国社会科学（3）：60－77，206．

张勋，万广华，吴海涛，2021．缩小数字鸿沟：中国特色数字金融发展［J］．中国社会科
　　学（8）：35－51，204－205．

张勋，杨桐，汪晨，等，2020．数字金融发展与居民消费增长：理论与中国实践［J］．管
　　理世界，36（11）：48－63．

张越，李琪，2008．互联网对我国各省区经济发展的影响［J］．山西财经大学学报（6）：
　　38－44．

赵航，张盼盼，2019．不确定性如何影响我国农村居民消费——基于持久收入假说下的动
　　态面板实证研究［J］．江西财经大学学报（5）：57－69．

赵浩鑫，唐根年，洪晨翔，2019．农村互联网发展的减贫效应分析［J］．统计与决策，35
　　（19）：96－99．

赵佳佳，魏娟，刘天军，2023．数字乡村发展对农民创业的影响及机制研究［J］．中国农
　　村经济，（5）：61－80．

赵建国，刘子琼，2020．互联网使用对老年人健康的影响［J］．中国人口科学（5）：14－
　　26，126．

赵羚雅，2019．乡村振兴背景下互联网使用对农民创业的影响及机制研究［J］．南方经济，
　　（8）：85－99．

赵羚雅，向运华，2019．互联网使用、社会资本与非农就业［J］．软科学，33（6）：49－53．

赵新泉，张彧泽，2019．收入不确定性对农村居民消费影响的实证［J］．统计与决策，35
　　（11）：95－97．

赵艳，2021．长尾理论视域下我国农村数字电商发展的影响因素分析——以"拼多多"为

例 [J]. 商业经济研究，（16）：141 - 144.

中国人民银行征信中心与金融研究所联合课题组，纪志宏，王晓明，等，2014. 互联网信贷、信用风险管理与征信 [J]. 金融研究（10）：133 - 147.

钟文晶，李丹，罗必良，2023. 数字赋能：助推小农户融入现代农业发展轨道——基于全国农户微观数据的考察 [J]. 暨南学报（哲学社会科学版），45（6）：81 - 93.

周冬，2016. 互联网覆盖驱动农村就业的效果研究 [J]. 世界经济文汇（3）：76 - 90.

周广肃，樊纲，2018. 互联网使用与家庭创业选择——来自 CFPS 数据的验证 [J]. 经济评论（5）：134 - 147.

周广肃，梁琪，2018. 互联网使用、市场摩擦与家庭风险金融资产投资 [J]. 金融研究（1）：84 - 101.

周广肃，孙浦阳，2017. 互联网使用是否提高了居民的幸福感——基于家庭微观数据的验证 [J]. 南开经济研究（3）：18 - 33.

周广肃，张牧扬，樊纲，2020. 地方官员任职经历、公共转移支付与居民消费不平等 [J]. 经济学（季刊），19（01）：61 - 80.

周广肃，张玄逸，贾珅，等，2020. 新型农村社会养老保险对消费不平等的影响 [J]. 经济学（季刊），19（4）：1467 - 1490.

周慧，苗洪亮，曾冰，2017. 创新驱动、城镇化与区域经济增长：基于空间溢出及门槛效应的实证分析 [J]. 经济问题探索（4）：95 - 102.

周建，杨秀祯，2009. 我国农村消费行为变迁及城乡联动机制研究 [J]. 经济研究，44（1）：83 - 95，105.

周其仁，1997. 机会与能力——中国农村劳动力的就业和流动 [J]. 管理世界（5）：81 - 101.

周洋，华语音，2017. 互联网与农村家庭创业——基于 CFPS 数据的实证分析 [J]. 农业技术经济（5）：111 - 119.

朱建军，2010. 农村财政支出对农村居民消费的影响分析 [D]. 南京：南京农业大学.

朱金玉，周冬，2019. 互联网改善公共监督效果的实证研究 [J]. 西南民族大学学报（人文社科版），40（10）：154 - 161.

朱梦冰，2018. 我国农村居民消费不平等的演变趋势 [J]. 北京工商大学学报（社会科学版），33（1）：9 - 18.

朱诗娥，杨汝岱，2012. 城乡居民消费差距与地区经济发展水平 [J]. 经济评论（1）：76 - 84，107.

祝仲坤，冷晨昕，2018. 互联网使用对居民幸福感的影响——来自 CSS2013 的经验证据 [J]. 经济评论（1）：78 - 90.

祝仲坤，冷晨昕，2017. 互联网与农村消费——来自中国社会状况综合调查的证据 [J]. 经济科学（6）：115 - 128.

邹宝玲，李华忠，2016. 交易费用、创新驱动与互联网创业 [J]. 广东财经大学学报，31（3）：26 - 33.

邹红，李奥蕾，喻开志，2013. 消费不平等的度量、出生组分解和形成机制——兼与收入不平等比较 [J]. 经济学（季刊），12（4）：1231 - 1254.

Akerman C, 2006. The long tail: why the future of business is selling less of more [J]. Hyperion, 24 (3): 274 – 276.

Androutsos A, 2011. Access link bandwidth externalities and endogenous Internet growth: a long – run economic approach [J]. International Journal of Network Management, 21 (1): 21 – 44.

Angrist J D, Pischke J S, 2008. Mostly harmless econometrics [M]. Princeton: Princeton university press.

Arellano M, Bond S, 1991. Some tests of specification for panel data: Monte Carlo evidence and an application to employment equations [J]. The review of economic studies, 58 (2): 277 – 297.

Arellano M, Bover O, 1990. Another Look at the Instrumental Variable Estimation of Error – Components Models [J]. CEP Discussion Papers, 68 (1): 29 – 51.

Atasoy H, 2013. The Effects of Broadband Internet Expansion on Labor Market Outcomes [J]. Industrial & Labor Relations Review, 66 (2): 315 – 345.

Audretsch D B, Heger D, 2015. Infrastructure and entrepreneurship [J]. Small Business Economics, 44 (2): 219 – 230.

Azher M, Khan R B, et al, 2014. The Relationship between Internet Addiction and Anxiety among students of University of Sargodha [J]. International Journal of Humanities and Social Science, 4 (1): 288 – 293.

Bakos J Y, 1997. Reducing Buyer Search Costs: Implications for Electronic Marketplaces [J]. Management Science, 43 (12): 1676 – 1692.

Bakos J Y, 1998. The Emerging Role of Electronic Marketplaces on the Interne [J]. Communications of the ACM, 41 (8): 35 – 42.

Banks J, Richard, et al, 1997. Quadratic Engel Curves and Consumer Demand [J]. Review of Economics and Statistics, 79 (4): 527 – 539.

Baorakis G M, Kourgiantakis, Migdalas, 2002. The Impact of E – commerce on Agro – food Marketing: The Case of Agricultural Cooperatives, Firms and Consumers in Crete [J]. British Food Journal, 104 (8): 580 – 590.

Barro R J, 1991. Economic Growth in a Cross Section of Countries [J]. The Quarterly Journal of Economics, 106 (2): 407 – 443.

Bellou, Andriana, 2015. The impact of Internet diffusion on marriage rates: evidence from the broadband market [J]. Journal of Population Economics, 28 (2): 265 – 297.

Benhabib J, Spiegel M M, 1994. The role of human capital in economic development evidence from aggregate cross – country data [J]. Journal of Monetary economics, 34 (2): 143 – 173.

Billari F C, Osea G, Luca S, 2018. Broadband internet, digital temptations, and sleep [J]. Journal of Economic Behavior and Organization, 153: 58 – 76.

Blundell R, Bond S, 1998. Initial conditions and moment restrictions in dynamic panel data models [J]. Journal of econometrics, 87 (1): 115 – 143.

Blundell R，Preston I P，1998. Consumption Inequality and Income Uncertainty [J]. Quarterly Journal of Economics，113 (2)：603 – 640.

Boden J，Maier E，Wilken R，2020. The effect of credit card versus mobile payment on convenience and consumers' willingness to pay [J]. Journal of Retailing and Consumer Services，52：101 – 110.

Bojnec S，Ferto I，2009. Impact of the internet on manufacturing trade [J]. Journal of computer information systems，50 (1)：124 – 132.

Borghans L，Weel B T，2006. The Division of Labour，Worker Organization，and Technological Change [J]. The Economic Journal，116 (509)：45 – 72.

Bronnmann J，Loy J P，Schroeder K J，2016. Characteristics of Demand Structure and Preferences for Wild and Farmed Seafood in Germany：An Application of QUAIDS Modeling with Correction for Sample Selection [J]. Marine Resource Economics，31 (3)：281 – 300.

Choi C，Yi M H，2009. The effect of the Internet on economic growth：Evidence from cross-country panel data [J]. Economics Letters，105 (1)：39 – 41.

Cilesiz S，2008. Educational Computer Use in Leisure Contexts：A Phenomenological Study of Adolescents' Experiences at Internet Cafés [J]. American Educational Research Journal，46 (1)：232 – 274

Coase R H，1937. The Nature of the Firm [J]. Economica，4 (16)：386 – 405.

Cotten S R，et al，2012. Internet use and depression among older adults [J]. Computers in Human Behavior，28 (2)：496 – 499.

Cotten S R，et al，2014. Internet use and depression among retired older adults in the United States：a longitudinal analysis [J]. Journals of Gerontology，series B：Psychological Sciences and Social Sciences，69 (5)：763 – 771.

Cumming D，Johan S，2007. The internet and regional economic development [J]. Academy of Management Annual Meeting Proceedings (1)：1 – 6.

Cutler D M，Katz L F，1992. Rising Inequality? Changes in the Distribution of Income and Consumption in the 1980s [J]. American Economic Review，82 (2)：546 – 551.

Czernich N，Falck O，Kretschmer T，et al，2011. Broadband Infrastructure and Economic Growth [J]. Economic Journal，121 (552)：505 – 532.

Dana J D，Orlov E，2014. Internet Penetration and Capacity Utilization in the US Airline Industry [J]. American Economic Journal Microeconomics，6 (4)：106 – 137.

Deaton A，John M，1980. An Almost Ideal Demand System [J]. American Economic Review，70 (3)：312 – 326.

Deaton A，Paxon C，1994. Intertemporal Choice and Inequality [J]. Journal of Political Economy，102 (3)：437 – 467.

Dehejia R H，Wahba S，2002. Propensity Score – Matching Methods for Nonexperimental Causal Studies [J]. The Review of Economics and Statistics，84 (1)：151 – 161.

Dettling L J，2017. Broadband in the labor market：The impact of residential high – speed internet on married women's labor force participation [J] . Industrial and Labor Relations Review, 70 (2): 451 – 482.

Dimaggio P, Bonikowski B, 2008. Make Money Surfing the Web? The Impact of Internet Use on the Earnings of U. S. Workers [J] . American Sociological Review, 73 (2): 227 – 250.

Duesenberry J S, 1962. Income, saving and the theory of consumer behavior [M] . Boston: Harvard University Press.

Fabritz N, 2013. The impact of broadband on economic activity in rural areas: evidence from German municipalities [R] . Ifo Working Paper.

Feinberg R A, 1986. Credit Cards as Spending Facilitating Stimuli: A Conditioning Interpretation [J] . Journal of Consumer Research (3): 348 – 356.

Feldman D C, Klaas B S, 2010. Internet job hunting: A field study of applicant experiences with on - line recruiting [J] . Human Resource Management, 41 (2): 175 – 192.

Garner T I, 1993. Consumer Expenditures and Inequality: An Analysis Based on Decomposition of the Gini Coefficient [J] . The Review of Economics and Statistics, 75 (1): 134 – 138.

Han X, Chen Y, 2016. Food Consumption of Outgoing Rural Migrant Workers in Urban Area of China: A QUAIDS approach [J] . China Agricultural Economic Review, 8 (2): 230 – 249.

Heo J, Chun S, Lee S, et al, 2015. Internet Use and Well - Being in Older Adults [J]. Cyberpsychol Behav Soc Netw, 18 (5): 268 – 272.

Hirschman E C, 1979. Differences in Consumer Purchase Behavior by Credit Card Payment System [J] . Journal of Consumer Research, 6 (1): 58 – 66.

Jappelli T, 1999. The Age - Wealth Profile and the Life - Cycle Hypothesis: A Cohort Analysis with a Time Series of Cross - Sections of Italian Households [J] . Review of Income and Wealth, 45 (1): 57 – 75.

Jiménez M, Matus J A, Martínez M A, 2014. Economic growth as a function of human capital, internet and work [J] . Applied Economics, 46 (26): 3202 – 3210.

Katz R L, Vaterlaus S, Zenhusern P, et al, 2010. The impact of broadband on jobs and the German economy [J] . Intereconomics, 45 (1): 26 – 34.

Kavetsos G, Koutroumpis P, 2011. Technological affluence and subjective well - being [J]. Journal of Economic Psychology, 32 (5): 742 – 753.

Kim H W, Chan H, Gupta S, 2007. Value - based adoption of mobile internet: an empirical investigation [J] . Decision Support Systems, 43 (1): 111 – 126.

Kitazawa M, Yoshimura M, Murata M, et al, 2018. Associations between problematic Internet use and psychiatric symptoms among university students in Japan [J] . Psychiatry and Clinical Neurosciences, 72 (7): 531 – 539.

Koenker R, Bassett G, 1978. Regression Quantiles [J] . Econometrica, 46 (1): 33 – 50.

Kraut R, Patterson M, Lund Ma R V, et al, 1998. Internet Paradox: A Social Technology That Reduces Social Involvement and Psychological Well - Being [J] . American Psychologist, 53 (9): 1017 – 1031.

Krueger D，Perri F，2006. Does Income Inequality Lead to Consumption Inequality? Evidence and Theory [J] . The Review of Economic Studies，73（1）：163 - 193.

Leser C，1963. Forms of Engel Functions [J] . Econometrica，31（4）：694 - 703.

Litan，Robert E，Rivlin，et al，2001. Projecting the Economic Impact of the Internet [J]. American Economic Review，91（2）：313 - 317.

Lluch C，1973. The extended linear expenditure system [J] . European Economic Review，4（1）：21 - 32.

Long C，Yi C，2019. The Impact of Internet Use on Residents' Subjective Well - Being：An Empirical Analysis Based on National Data [J] . Social Sciences in China，40（4）：106 - 128.

Meyer B，Sullivan J，2013. Consumption and Income Inequality in the U. S. Since the 1960s [J] . American Economic Review，103（3）：178 - 183.

Meyer T，2007. Online P2P lending nibbles at banks' loan business [J] . Deusche Bank Research（7）：39 - 65.

Mishra A K，Mottaleb K A，Mohanty S，2015. Impact of off-farm income on food expenditures in rural Bangladesh：an unconditional quantile regression approach [J]. Agricultural Economics，46（2）：139 - 148.

Nakayama Y，2009. The impact of e - commerce：It always benefits consumers，but may reduce social welfare [J] . Japan & the World Economy，21（3）：239 - 247.

Niebel T，2018. ICT and economic growth：Comparing developing，emerging and developed countries [J] . World Development，104：197 - 211.

Nolte A，2017. The internet effects on sex crime and murder：Evidence from the broadband internet expansion in Germany [R] . ZEW Discussion Papers.

Poi P B，2002. Three Essays in Applied Econometrics [M] . Michigan：University of Michigan Press.

Ren S，Hao Y，Xu L，et al，2021. Digitalization and energy：How does internet development affect China's energy consumption? [J] . Energy Economics（98）：1 - 20.

Reuber A R，Fischer E，2011. International entrepreneurship in internet - enabled markets [J] . Journal of Business Venturing，26（6）：660 - 679.

Röller，Lars - Hendrik，Waverman，et al，2001. Telecommunications Infrastructure and Economic Development：A Simultaneous Approach [J] . American Economic Review，91（4）：909 - 923.

Rosenbaum P R，Rubin D B，1983. Assessing Sensitivity to an Unobserved Binary Covariate in an Observational Study with Binary Outcome [J] . Journal of the Royal Statistical Society，45（2）：212 - 218.

Salahuddin M，Gow J，2016. The effects of Internet usage，financial development and trade openness on economic growth in South Africa：A time series analysis [J] . Telematics and Informatics，33（4）：1141 - 1154.

Salop S，Stiglitz J E，1982. The Theory of Sales：A Simple Model of Equilibrium Price Dispersion with Identical Agents [J] . American Economic Review, 72 (5): 1121 – 1130.

Senik C, 2011. Is happiness different from flourishing? Cross – country evidence from the ESS [J] . Revue d'économie politique, 121 (1): 17 – 34.

Shapira N, Barak A, Gal I, 2007. Promoting older adults' well – being through Internet training and use [J] . Aging and Mental Health, 11 (5): 477 – 484.

Shaw L H, Gant L M, 2002. In defense of the internet: the relationship between Internet communication and depression, loneliness, self – esteem, and perceived social support [J]. Cyber Psychology and Behavior, 5 (2): 157 – 171.

Silver W E, 1967. Economics and Information Theory [J] . The Economic Journal, 18 (3): 328 – 328.

Smith G E, Venkatraman M P, Dholakia R R, 1999. Diagnosing the search cost effect: Waiting time and the moderating impact of prior category knowledge [J] . Journal of Economic Psychology, 20 (3): 285 – 314.

Song J, Wang E, 2012. China's Information and Communication Technology in Geographic Perspective [J] . Eurasian Geography and Economics, 53 (4): 502 – 526.

Stahl I, Dale O, 1989. Oligopolistic Pricing with Sequential Consumer Search [J] . American Economic Review, 79 (4): 700 – 712.

Stigler G J, 1962. Information in the labour market [J] . Journal of Political Economy, 70: 49 – 73.

Stigler G J, 1961. The Economics of Information [J] . Journal of Political Economy, 69 (3): 213 – 225.

Stock J H, Yogo M, 2005. Identification and Inference for Econometric Models: Asymptotic Distributions of Instrumental Variables Statistics with Many Instruments [J] . Journal of the American Statistical Association, 89 (2): 1319 – 1320.

Stone R, 1954. Linear expenditure systems and demand analysis: an application to the pattern of British demand [J] . The Economic Journal, 64 (255): 511 – 527.

Tang Z, M D Smith, et al, 2010. The impact of shopot use on prices and price dispersion: Evidence from online book retailing [J] . International Journal of Industrial Organization, 28 (6): 579 – 590.

Tobler W, 1970. A computer movie simulating urban growth in the Detroit region [J]. Economic Geography, 46 (2): 234 – 240.

Vazquez E J, Winkler H J, 2017. How is the internet changing labor market arrangements? Evidence from telecommunications reforms in Europe [J] . Policy Research Working Paper, 2 (2): 1 – 30.

Ward D M, 2016. Happiness and life satisfaction predicted by social media use in adults with autism spectrum disorder [D] . Santa Barbara : Fielding Graduate University.

Wellman B, 2001. Physical place and cyberplace: The rise of personalized networking [J]. International Journal of Urban and Regional Research, 25 (2): 227 – 252.

Woods A W, 1981. Consumer Behavior [M] . Amsterdam: North - Holland.

Working H, 1943. Statistical Laws of Family Expenditure [J] . Journal of the American Statistical Association, 38 (211): 43 - 56.

Yi Li, 2020. Internet Development and Structural Transformation: Evidence from China [J]. Journal of Applied Finance & Banking, 10 (1): 1 - 8.

Young A A, 1928. Increasing Returns and Economic Progress [J] . Economic Journal, 38 (152): 527 - 542.

Zeldes, 1989. S P Optimal Consumption with Stochastic Income: Deviations from Certainty Equivalence [J] . Quarterly Journal of Economics, 104 (2): 275 - 298.